不必假裝一切都好

不完美的日子，也值得好好過

When Things Don't Go Your Way:
Zen Wisdom for Difficult Times

慧敏禪師（Haemin Sunim）——著
林怡孜——譯

高寶書版集團

目錄
CONTENTS

Chapter 3

當你因疲憊而失去喜悅時

Chapter 4

當你感到孤單寂寞時

目錄

CONTENTS

引言

在一個小村莊裡，住著一個獨居的寂寞中年男子。有一天，小屋難得響起了敲門聲，他開了門，發現屋外站著一位極度優雅的女子，身著天衣，妝點著耀眼輝煌的寶石。男子為她的美麗和香氣著迷，客氣地詢問她的身分。她回答：「我是美德女神，我來賜予你無上的財富、成功和愛。」男子聽了以後喜不自勝，馬上將女神邀請進家裡，立刻著手準備美食佳餚款待女神。

沒多久，又傳來了敲門聲。這次站在門外的是一個套著破布，身上還散發出惡臭的女子，男子不耐煩地問她為何敲門。她回答：「我是苦厄女神，我為你帶來了貧窮、失敗和孤單。」男子聽了十分害怕，要求她立刻離開。但她接著說：「我的雙生姊妹去哪，我就去哪。如果你想要我的姊妹留下，必須同時邀請我留下。」困惑的男子連忙詢問美德女神這是否為實，她點了點頭回答：「我們是不可分割的一對，你不能只要一個而捨棄另一個。」

這則故事告訴我們：好運通常也會招來無法預見的失望和困難。人總是渴望生命中只有美好的經歷，但生活總是會遇到困難。然而，這些艱難時刻並非全無意義，往往也提供發現自我的寶貴機會，讓我們獲得情感的成熟和靈性的成長。能夠收穫多少成熟和成長，往往和我們所面對之處境的嚴峻程度相對應。透過這些經驗，我們學到耐心、勇氣、慈悲和誠實。

這本書取材自我個人作為禪師和普通人所經歷的各種掙扎和挑戰，以及我在這一路上對自身生命的深刻觀照和感謝。書中六個章節以人生中各種內心感到煎熬的時刻為主題，每章包含三篇文章，描述我的親身故事和建議。除了這些文章，還有許多簡短卻富有洞察力的詩文，它們有些讓我茅塞頓開，有些則和我的痛楚共鳴。我希望這些反思能為正在面對艱難處境的人帶來安慰、希望和鼓舞。祝願你的旅途充滿愛和善意，以及許多微小的啟發。

Chapter 1

當你的生活不如意時

你不必假裝一切都好

你能安住在負面情緒中嗎？你能抑制住想要即刻逃離的衝動，允許這些情緒湧上，靜靜觀察它們如何在你的內心發展嗎？

我知道這麼做並不符合直覺，因為我們的第一反應，往往是要不惜任何代價避開不舒服的感受，但請讓我邀請你，花一到兩分鐘抵抗這樣的直覺反應，讓那些不舒服的感受在心中流動。比如，可以抱著好奇的心試試看，如果讓失望、憂傷或受創的感覺稍微停留，接下來會發生什麼事？如果你不因為自己產生這樣的感受而自我批評，也不用看電視或上網來轉移注意力，而是直面這些感受，不帶任何偏見和抗拒去觀察，結果會怎樣呢？

舉我自己為例，我有很長一段時間，對於被拋棄有很深的恐懼。每次有人臨時取消一起吃晚餐的計畫，我突然得整晚獨處，或者是我傳訊息以後，對方超過二十四小時還沒有回覆，都會讓我內在產生被拋棄的恐懼。孤單和焦慮的痛苦啃噬著我，就像我被孤單地放逐到曠野，必須獨立求生。我的腦海中不斷浮現最糟糕的情況，甚至認為朋友會沒留下隻字片語就與我斷交。當這些恐懼被觸發時，我還能感受到黑暗的空虛感籠罩著我，像要把人吞沒。因此我常常會找各種方法來避開這些不舒服的感受，拚命找尋安全感和連結。

分享這些事有點不好意思，畢竟我是個中年男子，還剛好是個禪學導師。但和許多靈性導師一樣，我會開始這個旅程，同樣也是因為這些不足為外人道的心理折磨。即使在打坐修行多年後，我還是搞不懂自己為什麼對於被拋棄有這麼深沉的恐懼，畢竟我的成長過程中，父母都很慈愛，彼此感情也算和睦，稱得上非常安穩。而在拙作於韓國取得成功，並因此獲得大眾認可之後，我內心對被拋棄的恐懼也日益加深。我害怕人們有天會因為我的言語或行為而轉身離去，從此將我徹底遺忘。

接著，這件事確實發生了，但為此擔憂許久的我仍然毫無準備。

二〇二〇年冬天，我受邀參與某個記錄名人日常生活的韓國電視節目，接受他們的拍攝。那天我像往常一樣，在和年邁父母同住五年的家裡，用早晨冥想和禱告開啟全新的一天。這間房子最初是我用書籍版稅買給父母的，後來又將所有權轉讓給我所屬的僧團。然而，在節目播出之後，有一小群人開始抨擊批評，說我沒有遵行僧人「無占有」的理念。他們並不知道，韓國的僧人沒有退休金或保障住所，多數僧人都得自食其力過生活。

後來有人甚至開始在網路上散播謠言，說我的住所非常奢華，還聲稱我開了一輛法拉利。這很令人沮喪，因為這間房子不管從什麼角度來看都稱不上奢華，而且我甚至沒有韓國駕照。雪上加霜的是，有一個資歷更深的僧人，同時也是韓國著名的作家，在 Facebook 上寫了一系列文章批判我，說我是佛教的「寄生蟲」，把佛教「娛樂化」了，根本不懂「真正的」佛理。不出幾天，所有韓國主流媒體爭相以頭條刊登他的文章，熱切期待我和他展開公開罵戰，以創造更多新聞流量。但我沒有回應，於是更多人加入線上討伐，和那位資深僧人一樣說著我的不是，和我劃清界線。

在這之前，我的人生也不是一帆風順，但這次的風浪太大，幾乎將我擊沉。我先是震驚，接著被四方湧來的批評聲浪淹沒，內心深深受創。我最糟的惡夢成真了。我感覺被僧侶弟兄背叛，也被喜歡我作品的人拋棄。很諷刺地，作為「破碎之心學院」（School of Broken Hearts）創辦人的我，也有了顆碎裂的心亟待治療。

當我剛開始靈性修行時，曾天真以為求道就是追求道德上的完美無瑕，修道者必須消除所有負面情緒，像是憤怒、憎恨、恐懼和執著。因此我下意識地抑制住那些感受，假裝自己凌駕於它們之上。然而，隨著我在靈性旅程上持續前進，我發現更成熟的道路是要接受所有面向的自己，包括那些看起來陰暗負面的部分。我本來以為即使放著情緒議題和創傷不管，也能達到靈性開悟，但這樣的信念大錯特錯。我慢慢認知到，這些議題和傷口其實都帶著重要的靈性課題，只有完整學習了這些課題，才能達到深刻的覺醒。

在人生最黑暗的時刻，許多親密的朋友和家人都會問我過得如何。一開始，我試著故作輕鬆，對他們說「這沒有我以為得那麼糟，其實我還好」，但這不是實話。事實上，這是生命中第一次，我的內在麻木，完全失去了方向。這場災難嚴重挑戰著我的靈性修行。

但我沒有逼自己正向積極，而是決定要允許自己過得不太好，我要求自己擁抱那些黑暗的情緒，看見當下事物的本來面貌。我讓自己全心感受真實存在的情緒，而非試圖改變或逃走。

在我讓出空間給那些未經消化的情緒以後，很快我就注意到身體裡累積的狂怒能量，這些能量像是烈火灼燒，在我的胸腔和喉嚨處特別明顯。我在自己的房間裡放聲大喊，並透過寫日記、舞蹈治療、登山、和信任的朋友傾訴，進一步表達與釋放我的狂怒。在認可內心憤怒並用行動釋放它一兩個月後，我允許自己去感受憤怒底下深沉的悲傷和痛苦，對因這些衝擊而死去的內在部分致敬。我讓所有深藏鬱積在我內心的情緒化成淚水湧出，狠狠地哭了一場。最後，在經歷了狂怒、孤單和流淚的階段之後，我發現站在面前與我對峙的，是我所有情緒的根源：恐懼。

在日記裡，我問自己到底在害怕什麼。一開始，我的回答是：「我害怕自己無法滿足需要仰賴我的那些人的生活所需，我年邁的父母、我的義子、我的助理，還有我的員工和他們的家人。」接著我再次問自己真正害怕的是什麼，我在沉默中持續寫著，一陣子之後，腦中突然閃現一段孩提回憶。

還是個小男孩的我，在一個很大的市集裡滿懷驚恐的情緒，焦急地四處找媽媽，害怕得要命。有好幾個大人走到臉上爬滿淚水的我身旁，親切地問：「你媽媽去哪了？你走丟了嗎？」接著，有個沒見過的老太太牽起我的手，說會帶我去找媽媽，我不情願地跟著她走了。我們到了她家以後，我沒看到媽媽，只看到一個可怕的男人。我馬上意識到情況不對勁，立刻轉頭跑過大門，拚了命奔回原地，在市集裡發狂般走來走去。好一陣子以後，才終於看到也在著急找尋我的媽媽。

這下我總算了解自己為什麼一直對被拋棄充滿恐懼，

原來是壓抑的早年創傷在作祟。長久以來，我一直忽視內在那個受到驚嚇的小孩，他早已失去愛、溫暖和安全感。那個找不到媽媽的小男孩，便成為了那股我一直感覺到的黑暗空虛感。我明白了自己為什麼必須走過這段惡夢般的經歷。這是與那個小男孩重逢的必要旅程，好讓我能夠整合因為過於害怕而一直沒能看見的內在部分。我深吸一口氣，對那個小男孩說：「現在我看見你了。我會永遠待在你身邊，絕對不會拋棄你。我接受你本來的樣貌，而且全心愛著你。」

生命的際遇很少照著我們的期望發展，當我們遇到不如人意的結果時，常常會感受到難以消化的情緒。如果這是你目前的狀態，我希望你明白，不管事情看起來多糟糕或難以承受，你絕對都能平安度過，你比自己想像的更堅強，也比自己認為的更有智慧。

等到情緒的風暴過去，是的，它終將過去，你不用要求自己立刻振作起來，再次投入到生活的挑戰之中。給自己一些時間，充分體會當下的感受。一旦你為自己的情緒騰出時間和空間，就能夠更從容地處理這些感受，並且探索那些重要的問題，像是：我現在感覺到的是什麼？我的情緒想告訴我什麼？我從這個經驗中學到了什麼？當我們帶著好奇心而非批判問出這些問題時，就能看到內在更深層的真相。

這個過程能幫助我們保持鎮定，帶著智慧做出回應，而不是衝動地做出反應。我們可以用不同的方式回應挫折，重新定義自己。要記得，偉大的故事從不傳頌那些無須經歷艱辛的人，而是那些克服困境、不被失敗打倒並重新站起來的人。

只要還在呼吸，我們人生的故事就還沒寫完。讓我們盡己所能寫出最有意義的故事，不留下任何遺憾。

活著最大的榮耀不在於永不倒下，

而在於每次跌倒後都再站起來。

——納爾遜．曼德拉（Nelson Mandela），

南非首位黑人總統

歡迎你的痛苦，

因為它能讓你看見真相。

擁抱你的失敗，

因為它能催生你的成長。

愛上你內在的混亂，

因為它能帶你發現更深的自我。

痛苦會教你人生的功課，

享樂不會。

我知道你現在覺得非常孤單失落，

但即使在最黑暗的時刻，

仍然有愛在引領你穿越一切。

我永遠不會放棄你。

就像有了黑夜才顯得星光明亮，

在人生的至暗時刻，

你才能認出誰是真正的朋友。

如果你在毫無光亮的戲院裡摔倒了，

別急著站起來，花點時間讓雙眼適應黑暗。

同樣地，如果人生把你擊倒，

別著急，花點時間消化情緒，

等待清晰的道路浮現在眼前。

先花時間理解，

才能真正邁向和解。

消化情緒的意思是，

認可情緒的存在，明白產生情緒的因緣，

從而理解這份感受。

這樣一來，我們才能用健康的方式應對，

而不是渾渾噩噩受其左右。

無須輕易動怒，

因為別人所說的話反映出來的，

往往是他個人的感受和有限的經驗，

而不是對你的客觀評價。

在批判他人時，

你定義的不是別人，

而是你自己。

——偉恩．戴爾 博士（Dr. Wayne W. Dyer），作家

如果你總是談論別人的問題，

就會讓自己陷入那樣的振動頻率裡，

並為自己的人生招來同樣的問題。

要完全避免被批評只有一個方法，

就是什麼也別做，什麼也別說，

並且讓自己什麼也不是。

——阿爾伯特・哈伯德（Elbert Hubbard），作家

有些人會因為你坦露脆弱覺得你勇敢，

但也有人會覺得你太情緒化。

有些人會覺得你堅定的態度充滿魅力，

但也有人會覺得那是自私傲慢的表現。

有些人會把你的活潑生動看成有趣的特質，

但也有人會覺得那既煩人又虛偽。

你要記得，沒必要也不可能討好每一個人。

接受自己就是會被人討厭，

因為不管你怎麼做，

總是會有人對你不滿意。

與其成天煩惱受批評或被拒絕，

不如根據自己的價值和需求來做決定，

永遠忠於自己而活。

不要從他人身上求取認可，

而要走上自我發現的道路，自己認可自己。

發現自己的成就和強項，欣賞自己的仁慈和創意，

並且了解自己真實的需求與價值。

培養不受他人意見影響的自我價值感。

我喜歡自己，

我是內心柔軟又關懷他人的存在，

總是細心照顧著他人的幸福，

真心希望他們能被愛護、被守護。

通往自我憎恨的捷徑：

假扮成他人欣賞的樣子以博取讚賞，

忽視自己真正的需求和渴望。

如果你有焦慮型依附傾向，

習慣把別人的需求擺在自己之前，

那麼為了你的健康，

請不要只把需求擺在心裡，

記得和他人清楚溝通這些需求。

一個人要開悟，

不是透過想像光明的形象，

而是要用意識探進黑暗。

——卡爾．榮格（Carl Jung），心理學家

他人身上那些總是讓你覺得刺眼的缺點，

其實反映著你內在的衝突和排斥的特質，

它們存在於你無意識的陰影之中。

直到你將這些衝突和特質攤在陽光下，

接受它們也是你的一部分，

這些使你厭煩的人才會從你的生命消失。

你能愛我嗎？

我指的是完整的我，

不只有讓你微笑的那部分，

還有我不敢分享的陰影？

如果靈性修練的終極目標，

是不帶條件的平靜，

那麼這條道路並非自我增進，

而是自我接納。

透過接受事物本來的面貌，
抵抗會退去，而平靜會浮現。
在那個經歷中，
沒有一個「我」會分離出來，
在一旁獨自體驗到平靜，
「我」從不需要待在平靜裡。
「我」消融於平靜之中。

內在是一片寂靜，
外在也一片寂靜。
一股全然的寂靜，
蔓延了整個宇宙。

開悟代表和世界建立起最深層的親密關係，

在那裡，個人和世界不再分離。

自從我學會了保持靜默，

萬事萬物向我靠攏，變得更為貼近。

——萊納．瑪利亞．里爾克（Rainer Maria Rilke），詩人

我們爲什麼不快樂？

答案其實很簡單，因為我們無法平靜地與現實共處，我們希望當下發生的一切是別的樣子。舉例來說，如果我們看到某個吸引人或令人愉悅的事物，我們的心就失去平靜，被這個新玩意牽動，希望它時時在自己身旁，朝思暮想與其互動。如果可以的話，我們甚至希望能完全占有它，以我們希望的方式使用它。佛陀把這樣的心智追求稱為「取著」。當我們的心智對某個事物產生取著，那麼在這件事物完全處於我們的掌控之前，我們都會感到不滿足。我們的心若是感到有所缺失，就會躁動不安、沮喪失望。

另一方面，如果我們看到某些令自己感到不愉快的事物，我們的心智就會想要逃走，希望盡可能不要與之接觸。如果真的躲不過，我們就希望能讓這些接觸越短越好。和取著不一樣，這時的心處於「抗拒」的狀態，但我們抗拒的時間越長，情境就會變得更加難以忍受。我們會變得越來越焦慮，甚至會因為自己無力遠離而感到憤怒。現在的心理學家將這種精神抗拒稱為「壓力」。而如果我們感覺到壓力，通常是因為我們心裡有抗拒，不管對象是人或物，或是某種情境。

我這麼說，並不是說遇到痛苦的事情時應該全無抵抗，而是想指出當我們感到不開心或壓力很大時，也許引發這些感受的並不是人、事、物本身。如果某個人令你感到不快的特質是與生俱來的，那麼包括你在內，所有人都會對這個人抱持相同感受。然而，令人不快的特質往往因人而異，我可能會認為某個人難以忍受，但我的朋友卻認為那個人很迷人。

如果是這樣，那些經常出現的負面感受，真正的源頭是什麼呢？就我來看，真正的罪魁禍首其實是我們面對事物時的心智活動。只要我們的心前後搖擺，忙著抓住我們沒有的東西，並抗拒已經出現的東西，心就會一直困在掙扎和忙碌中，不管眼前的狀況如何，無論是隱約地或明顯地，心都會感到不滿意和有問題。這樣的心常常是緊張的，缺乏放鬆、開放、接納和自覺。如果我們不向內檢視，察覺自己習慣性想逃離現狀的傾向，我們的心就會不停從一個地方跳到另一個地方，永遠把內在不適怪罪於外在事物。而且這樣的心智還會要求他人、事物或環境改變，來配合自己的喜好，因為以他們的角度來看，那樣的改變無疑更好、更合理，而且絕對正確。

說到這裡，我要再次強調，我不是要縱容不良的行為，或是要你在不快樂的時候怪罪自己。我的重點是，我們的心智是一個媒介，不停對我們周遭環境所發生的一切事物產生詮釋。尚未被賦予詮釋的經驗本身並沒有所謂好壞，就是經驗而已。然而，我們的頭腦總是急著做出判斷，想把一件事分出黑白。不同人對相同經驗可能做出非常不一樣的詮釋，因為我們每個人都有獨特的過往經驗，而這些經驗會影響我們如何看待事物。

如果真是這樣，你可能要問，我們能做些什麼，來讓我們的心平靜滿足，不再陷於取著和抗拒之苦呢？有什麼修行方法可以幫助我們調節自己的情緒，找到幫助我們面對逆境的沉著和接納之心呢？

要降伏浮躁的心，最為人所知的方法是感恩。當我們心存感謝，通常就不會去想還缺少什麼，或是本來可以得到什麼，因此能減少內心想要獲得更多的傾向。另外，懷抱感恩的心能讓我們更開放、更樂於接納，因此也能減少內心抗拒現實的傾向。當我們對過去發生的一切感到喜悅，並為自己當下擁有的一切心存感謝，我們的心智也會冷靜平和，不再處於抗拒之中，不再總是對身邊的一切充滿批評、抱怨或爭論。當我們用感謝填滿內心，容納負面想法的空間就會變得很小，甚至不存在。

當我們練習感恩時，不只能讓自己意識到上天賜予的福氣，像是健康、工作、安身之所、衣物、好天氣等，更能提醒自己他人的慷慨付出。舉例來說，我們可以感謝父母對我們的持續支持、朋友特殊的幽默感，或是伴侶給予的溫暖擁抱。我們也可以對自己道謝，感謝自己即使屢次遭到拒絕卻仍然堅持不放棄，不管心破得多碎，還是能療癒自己繼續生活。我們越常練習感恩，就越能欣賞並珍惜我們已經擁有的事物。

如果你想開始練習感恩，可以試著每天在生活中找出三到五件值得感謝的事情，記錄在自己的筆記本，或是找個願意和你交換感謝日記的「感恩夥伴」。你也可以找顆漂亮的石頭，放在家裡顯眼的地方，每次看到那顆石頭，就在心裡找一件當下值得感謝的事。你還可以拍下自己內心湧出謝意的瞬間，把照片分享給朋友和家人。又或者，你也可以試著培養習慣，無論是在內心表達或開口說出來，都真誠地對在餐廳、超市、咖啡館、加油站裡，或在公車、火車上幫助過你的人說聲「謝謝」。

另一種方法是全然歡迎不愉快的經驗。既然我們的情緒並非取決於當下的情境，而是我們回應外界的方式，透過有意識地將「抗拒的衝動」轉換成「歡迎的態度」，就能減少痛苦。此外，與其把令人不適的情境想成不正常、不該出現的存在，我們應該將它們視為日常生活中原本就會發生的事。與其祈求永遠不要遇到困難，我們應該預期它們會出現，甚至歡迎它們到來。如此一來，當困難真的降臨時，就不會感到驚慌失措、沮喪不已，因為我們知道這些永遠是人生的一部分。

在日常生活中，你可以在每天早上刷牙洗臉的時候，練習花一分鐘的時間反覆告訴自己，「讓不適來吧，我會歡喜接受」。如果你能在一天開始時，為任何可能發生的情況做好心理準備，並清楚立下願意全然接受的意圖，當事情真的發生時，你就不會亂了陣腳。當然，如果遇到的困難危及生命，記得要盡快遠離，但如果你的人身安全無虞，眼前不適的情境又難以避開，請試著靜下心來，感受自己的抗拒，有意識地改用歡迎的態度面對，你可以重複「讓不適來吧，我會歡喜接受」這個承諾，接著，在不適情境真的發生時，可以從三倒數到一，然後毫不退縮地面對現狀。

另外，在這樣的時候，記得提醒自己，雖然不愉快的經驗帶來痛苦，但宇宙希望我們藉此獲得成長。這樣一來，你與負面感受之間的關係就能有更多包容。如果我們生活中遇到的每件事都是愉悅的，我們還有什麼理由成長，蛻變為更成熟的人呢？只有在我們離開舒適圈，發現自己處於陌生不安的環境之中，我們才能開始學習，在智識、情感和靈性上擴展自己。十三世紀著名的波斯詩人魯米（Rumi）曾說，「傷口是光明進入你內在的入口」。與其別開頭裝作沒看見，我們應該仔細檢視自己的傷口，從中發現隱藏的感謝、接納和智慧之光。

我們人類有兩種面向。

「人性」的一面充滿生活的混亂、

起伏的情緒和混雜糾纏的思緒。

「存在」的一面是寧靜的臨在，不受時間束縛，

靜靜觀察心智和世界不斷變化。

神奇的是，這兩者是一體的。

也許通往幸福的道路，

並不是要讓生命裡的所有紛亂恢復秩序，

而是在紛亂中放鬆下來，

歡慶其中隱藏的生命力和美麗？

幸福不是一種要抵達的狀態，

而是一種行進的方式。

——瑪格麗特・李・藍貝克（Margaret Lee Runbeck），

小說家

不管你的環境有多好，

只要你仍然在渴望別的東西，

你就永遠不會幸福。

只有當我們的心停止躁動，

開始接受並欣賞身邊的一切之後，

幸福才會湧現。

有一則諺語說，

「來者不拒，去者不留」。

當我們保持接納的態度，

就能避免不必要的心痛，

停止耗費多餘的力氣，

在生命自然的流動之中找到平靜。

只有在人們接受自己本來的面貌以後，

才更有可能變得更好。

在那之前，他們難以放下防衛，

也不能接受別人的意見，

忙著合理化自己為何不能改變。

當你發現自己在苦苦掙扎時，

請放慢下來留意一下，

讓你痛苦的並不是情境，

而是你的心理抗拒。

如果你想減輕抗拒，

可以想像你所處的情境其實是你自己的選擇，

相信這是靈魂為了讓你成長而選擇的命運。

然後觀察會發生什麼改變。

主啊，請賜予我平靜的心，接受不可改變的事；

給予我勇氣，改變可以改變的事；

並賦予我分辨兩者的智慧。

——雷茵霍爾德．尼布爾（Reinhold Niebuhr），神學家

接受並不代表要替惡劣的行為找藉口，

或是要告訴自己發生在身上的壞事也沒什麼。

接受的意思是放掉那些希望過去改變的奢望，

邀請平靜進入你的內心，

好讓你能聚焦於當下對你來說真正重要的事物。

放下不代表除去。

放下表示讓一切如其所是。

當我們懷抱慈悲讓一切如其所是，

萬事就會自然來去。

——傑克．康菲爾德（Jack Kornfield），作家、禪修導師

只要我還在追逐，
就表示我仍然不完整，並且受到束縛，
這樣的狀態裡沒有滿足、自由或平靜。

有智慧的人對自己所擁有的感到滿足，
因此不容易受到誘惑或壓力動搖，
這讓他們能專心追求自己真心渴望的目標。

我的自信越高，
吸引力也就越高。
我的執著越少，
受他人控制也就越少。

在一場同學會中，

你見到年輕時曾經瘋狂迷戀的對象，

驚訝地發現他不過是個普通人。

你想不通自己當初怎麼會這麼著迷，

竟然把對方看得這麼高不可攀。

然後你才明白，並不是他本身有什麼特別，

而是你強烈的欲求和執著的渴望

讓這個人看起來這麼與眾不同。

想一想你人生中最困難的時候，

打擊你的可能是失去、疾病、心碎或危險的未知。

你那時是不是只希望苦難盡快結束？

現在花點時間感謝自己一路走到了現在，

能夠享受當下的平靜。

在給予你新的服裝之前，

宇宙會先把你的衣櫃清空。

如果你曾經歷巨大的苦難，

想想生命在苦難之後給了你什麼禮物。

煎熬能淬鍊出最偉大的靈魂，

最崇高的人格無不布滿受傷的痕跡。

——埃德溫．H．查平（Edwin H. Chapin），牧師

生命中總會遇到那個時刻，

讓我們了解擁有的一切都能在瞬間被奪走。

讓我們保持感恩，

永遠不把生命的賜予視為理所當然。

記下你接收到的所有好事。

把它們寫在紙上，這麼做的時候，

同時接受豐盛、感恩和安全感的洗禮。

讓這些美好感受蔓延到身體的每個細胞，

一整天跟隨著你。

我感謝今天美好的天氣。

我感謝不錯的健康狀況。

我感謝有愛我的家人和朋友。

我感謝能享用一杯熱咖啡。

心存謝意能讓普通的日子變成感恩節，

讓例行公事充滿喜悅，

連一般的小事也像是恩典和賜福。

——威廉．亞瑟．沃德（William Arthur Ward），作家

就好像我們天天吃營養補充品一樣，
每天早上醒來，請記得服用強效「感恩藥丸」，
仔細數算自己已然擁有的美好，
這會幫助我們抵擋負面情緒、增進身體健康、
鞏固人際關係，還能鼓舞我們的精神。

雖然實際的房屋裝修需要花上許多時間，
但只要積極轉念，一秒就能改變內心環境。
如果我們有意識地保持正面想法，
仔細品味那些想法帶來的美好感受，
我們就能創造出讓自己住起來很舒服的精神環境。

如果你想聽到悅耳的音樂，

只需將收音機調到正確的頻率。

如果你想擁有豐盛的人生，

正如悅耳的音樂只在相應的頻率播放，

請將心念轉到感恩和給予的頻率。

這將為你吸引更多美好。

如果你要祈禱，不要出於匱乏，

而是帶著豐盛及感恩的心，

因為宇宙回應你的願望時，

通常不是基於你想要什麼，

而是根據你現在的狀態。

你可能會很驚訝，

只要願意好好開口詢問，

很多東西其實都能得到，

甚至是那些你覺得超出能力範圍的事物。

你只需要開口的意願和勇氣。

不要逼迫別人完成你設定的目標，

在從容自在、順其自然的狀態下，

才能結出最好的果實。

宇宙最大的奧祕就是，

當你想到渴望事物的那一刻，

它就已經部分成真了。

所以，請當作你已經實現了願望，

並以這樣的狀態來行動。

這樣一來，你就不是苦苦追趕，

而是將那個成果吸引到你身邊。

這是達成願望的捷徑。

以佛教的教義而論，心理學就是宇宙學。

如果你的心裡充滿著慈愛，你就身在天堂。

反之，如果內心充斥仇恨憤怒，你就墮入地獄。

天堂和地獄都是由我們的心創造出來的體驗，

因此兩個地方是密不可分的。

你如何看待世界？

在你的眼中，世界是豐盛並懷抱善意，還是匱乏又冷漠無情呢？我不是在問以科學客觀的角度來說，你如何看待世界，而是在問你內心深處對世界的感受。你認為當你真心祈求時，宇宙總是照顧著你，為你帶來新的朋友、愛情、工作、金錢或房子嗎？還是你認為世界是無意義的荒蕪之所，所有的生物都在互相競爭，搶奪有限的資源，一切都不可靠，只能仰賴自己而存活呢？你能夠完全相信宇宙會引導你走向正確的方向，提供你需要的資源嗎？還是你覺得人生就是一場零和遊戲，他人的成功必然代表你的失敗，而且沒有超出物質世界的更高力量總是懷抱善意看顧所有人呢？

如果你覺得自己對這個世界的真實感受很複雜，這很正常，因為很有可能你的頭腦很願意相信這個世界是豐盛且充滿善意的，但你的內心深處卻完全不這麼想。但不管你有什麼感受，這些感受都很重要，因為它不只會決定你對生命和人際關係的整體看法，在困境來襲時，也會左右你度過難關的速度。

你可能已經猜到，孩提經驗和你周遭的人們如何對待彼此，很大程度塑造了這些感受。如果我們的需求大多數時候都能得到滿足，身邊的人都友善地對待自己，我們更有可能覺得自己可以信任這個世界。反過來說，如果我們經常受到惡劣對待，就很難發展出這樣的信任。有趣的是，這些感受往往會代代相傳，上一代會無意識地把自己的感受傳給下一代。當我開始深入檢視自己的情況時，很驚訝地發現自己在不知不覺中將父親的感受深深內化了。

從小到大，父親一直都給了我充分的關懷和支持，因為他年輕時曾下定決心，絕對不要變得和我的祖父一樣。我的祖父在社會上是個很受歡迎的人，大家對他的評價很高，但他無法穩定維持家計，也疏於照顧家人。他有六個孩子，但除了長子，他對其他孩子漠不關心，很少顯露感情。

雪上加霜的是，我的父親誕生於韓戰爆發前夕，當時大多數韓國家庭都因為食物短缺陷入飢餓，更不要說其他生活必需品了。我的父親曾告訴我，如果他吃完一個馬鈴薯還想有東西吃，就必須吃得比其他兄弟姊妹都快才行。那段艱苦的日子裡，很多時候他只能喝水當午餐充飢，因為家裡太窮了，沒辦法讓每個孩子都有便當帶。他無法得到足夠的關懷和支持，不管是食物、鞋子、教育，甚至是父母的注意力，因此過得相當辛苦。

不難想見，對我父親來說，這個世界是充滿匱乏窮困的地方。他覺得必須靠自己努力爭取才能獲得生活所需，沒有人會送來免費的午餐。這個感受幫助他成為一個勤奮負責任的男人，努力工作養活自己的太太和孩子。但另一方面，這也讓他除了近親無法信任他人，對待外人也不太友善。這件事常常使我困擾，特別在還是青少年的時候。我想不通，父親在家裡明明是個溫暖的人，怎麼會一出家門，就顯現出冷漠難以親近的一面。

我二十幾歲受戒出家以後，生命中出現了另一個對我來說有如父親的人，也就是我寺院的師父。在僧團裡，師徒關係確實和父子非常類似，他主持了我的受戒儀式，教導我成為僧人，而他過世的時候，喪事和骨灰都會交由我來處理。

很有意思的是，我的師父看待世界的態度和我的父親非常不同，在他的世界觀裡，這個宇宙就是菩薩，而他對菩薩抱持著不可撼動的信任。他從自己的人生經驗裡學到，雖然回應或遲或早，但只要他虔心祈禱，寺院的大小需要總會有著落，從信眾的捐助、義工或是需要專業人員完成的工作，甚至慶祝佛誕日的好天氣也不例外。正因如此，他對生命的一切都抱持著坦然接受的態度。

他還相信世上的資源足夠豐盛，能讓所有人共享。有了這樣的信念，他自然十分慷慨，有人開口時，他很少拒絕分享自己的所有物。出去吃飯時，十次有九次都是他搶著付帳，即使同行人十分富有也一樣。偶爾收到信眾的捐獻，他也會再分給其他僧人。有這樣的師父是我很大的福氣，對於他慷慨的胸懷和對菩薩的深厚信心，我非常佩服。而且，由於有了另一個像父親一樣的角色，也彌補了我沒能從父親身上學到的重要課題：如何相信這個世界，並依這樣的信念過活。

我十幾歲第一次讀《聖經》的時候，有一段特別令我印象深刻。耶穌在馬太福音第六章第二十五節中教導門徒，不要憂慮是否會有足夠的飲食和衣服，因為神定然會給予他們生命所需，就像野鳥不用儲藏就能覓得足夠食物，野草不用勞苦也能開出燦爛花朵，耶穌追問門徒，既然這樣，為什麼你們還憂慮無法得到生活所需呢？現在的我重看這些經文，覺得耶穌其實是在要求追隨者們培養信心來改變對世界的看法，不要認為世界是匱乏冷漠的，而要認知到世界的豐盛和善意。

對於很多人來說，甚至包括我自己，要踏出一步，真正全然相信世界能夠托住自己是很可怕的。這是因為我們往往從小時候開始，就受到父母或祖父母的影響，在心中深埋下無法相信世界的恐懼感。即使在認為自己全心相信世界相當富足且懷抱善意以後，我們可能還是需要很多時間，來完全內化這個新的信念，並依此行動生活。隨著我每天記下值得感謝的事，並觀察師父和身邊許多良好榜樣以後，我漸漸能夠放掉控制，敞開大門讓上天的恩賜進入生命。當我意識到生命中充滿上天的眷顧，我就越來越放鬆、越來越充滿感謝，隨時準備好發現宇宙送來的美好禮物。

當我們正在經歷生命的艱難時期，讓心保持對宇宙的信任將對自己大有助益。有了這個信念，即使求職被拒或是求愛失敗，我們仍然能相信宇宙會引領我們走向屬於我們的工作和伴侶。在他人成功時，我們能坦然鼓掌，因為我們知道會有其他機會創造出獨屬於自己的成功故事。我們可以選擇原諒那些辜負我們的人，將不愉快拋在腦後，因為我們知道只要繼續向前走，宇宙就會為我們開啟生命的新篇章。甚至在親人或摯友過世時，我們也能相信他們不會陷入孤單，宇宙將以善意和慈悲指引他們的下一段旅途。

這始終是我們每個人都需要做出的選擇，我們可以決定自己想要活在怎樣的世界裡。在佛教的觀念中，根據每個人不同的心態，會體驗到完全不同的世界。若我們將更多心力專注在善念與善行，自然能體驗到更多宇宙的善意，反之亦然。既然我們有能力創造出自己渴望的世界，而不是只能被動接受外在環境的安排，你會選擇如何看待這個世界？又會如何運用這份力量呢？

Chapter 2

當你的內心隱隱作痛時

請溫柔地拒絕我

我很能理解人們為什麼會覺得工作面試很像初次約會。我曾緊張不安地坐在某間大學的咖啡廳，準備和當時即將面試我的院長初次見面。我通過了該校助理教授終身職的初步篩選，而接下來三天的校園面試中，我不只要針對自己的研究內容進行公開演講，也要和未來可能共事的教職員一起用餐或喝咖啡。要成功獲選，我得快速和他們建立友好關係，打造良好的第一印象，同時評估之後一起工作的狀況。

當我的「約會」對象終於出現，並且開始交談後，我發現對方非常和藹可親。我手中捧著溫暖的印度香料拿鐵，漸漸放鬆下來，開始認真回答那些看似隨意但十分重要的問題，像是我之前在哪裡求學，我為何對目前的研究主題感興趣，還有我對未來的規劃。接著我也詢問了學校的獨特之處，以及她最近的研究主題。從她的回答中我察覺，就像我非常希望能在她心中打敗其他兩位應徵者一樣，她很積極推銷學校，希望我留下好印象。

三天很快就過去了，在這段短短的時間裡，我和一些教職員建立了良好的交情，開始非常期待能在這裡教學，甚至找起了附近的房子，想像在這裡擔任助理教授的日子將有多麼愜意。就像和喜歡的對象初次約會完的青少年，我滿腦子都是那間學校，覺得自己墜入愛河。我回到居住的城市後，還立刻寄出了感謝信，接著開始痴痴等待對方來電。

大概過了四個禮拜，我終於收到了等候已久的回音。但我等來的不是電話，而是一封簡短的電子郵件。院長在信中感謝我抽空造訪校園，也稱讚了我的研究，只可惜遴選委員會決定選擇另一個應徵者，因為他更「符合」學校的需求，當然，她也沒忘了在信件結尾祝我求職順利。這封信寫得周到，但是語氣和我們初次見面時給人的印象截然不同，讀起來疏離又公式化，另一個沒錄取的應徵者收到的應該也是一模一樣的信。

我大受打擊，像是被人兜頭澆了一盆冷水，意識到在心裡默默生根的情感只是一廂情願。這時我內心嚴苛的聲音開始冒出頭來，不停貶低著我的學識、外表、英語口音，懷疑自己是否能成功找到教職。我開始反芻那三天的一切細節，思考自己到底在哪個環節出錯，腦中充滿了各種懊悔的念頭，還有許多以「早知道」和「我那時應該」開頭的句子。雖然每個人都告訴我這沒必要，但我還是把這個拒絕看成是個人的失敗，忍不住覺得是因為我不夠好，因此他們選了其他人。

然而，隨著求職之旅繼續進行，我有了意外的發現。

面試其實和所有其他生活技能一樣，練習越多，就會變得越熟練。等我第三次前往校園面試，我發現自己明顯變得較不緊張，和其他人互動也顯得更有自信，更能展現風采。因為我已經知道怎麼回答委員會總是會詢問的制式問題，更清楚他們有怎樣的需求，也就更能針對自己如何滿足這些需求給出詳細的回答。每間學校都不太一樣，某間可能想要找到受過後現代文化理論扎實訓練的應徵者，另一間則希望找到能夠同時教授佛學思想和中世紀東亞歷史的中世紀歷史學者。但他們確實有個共同點，就是都希望找到能夠完美符合部門需要、獨一無二的人。

明白這件事以後，我就知道自己為什麼不該把拒絕當作對我個人的否定。因為是否能得到工作，其實不完全取決於應徵者的整體能力，而更多取決於遴選委員會背景各異、偏好不同的成員們對「理想人選」所抱持的期待。

另外，我還學到了自己不該太快將感情投入面試的學校。與其花時間想像自己未來在某個地方的理想生活是什麼模樣，我更應該將注意力放在當下，專心處理眼前要做到的事。有了這層認識，之後我和面試官碰面喝咖啡或用餐時，就能總是保持友善、誠懇、從容不迫。在多次嘗試和失敗後，我最終等來了屬於我的錄取通知，加入了一所學譽卓著的文理學院。

當然，被欣賞的對象拒絕、在社群媒體被朋友封鎖，或是沒有得到想要的升遷機會時，我們都會感到受傷，因為這些事情會讓我們自信低落，喚醒心中自我批評的聲音。這種時候，我們很容易直接陷入憤怒、悲傷或不安，在腦中不停數落自己的缺點。如果你因為被拒絕而陷入情緒危機，相信我，曾經有過許多類似經歷的我很能感同身受。如果你面臨這種處境，我想向你提供以下幾個建議。

首先，不需要把拒絕當作是對你的否定。每個人在過往經驗的影響下，都會發展出獨特的品味和偏好，那些經驗往往歷史悠久，在遇到你之前早已成型。因此，他人的拒絕往往來自對方的經驗和個人喜好，和你的關係不大。另外，人們下意識傾向選擇熟悉的人事物，即使客觀上來說，你是最棒的情人、朋友或員工，只要你給人的感覺不夠熟悉，他們還是不會喜歡你。這並不代表你的個人價值或自我價值被貶低，你仍然是那個才華洋溢、善良可親的你，你所有的美好特質並不會因此減損分毫。拒絕僅僅代表對方和你並不合適。

第二，問問自己是否曾經拒絕過別人。你拒絕過別人的約會邀約嗎？你是否傷過別人的心？你曾經在社群媒體上封鎖別人嗎？期望自己喜歡的每個人都會喜歡自己是很荒謬的願望，這根本不可能發生。另一個同樣荒謬的想法是：某些人拒絕了我，肯定是因為我不討喜，我永遠不可能找到真愛、真朋友，甚至是夢寐以求的工作。這樣的想法顯然完全不合理。只要你有足夠耐心，即使遇到挫折仍願意努力前進，最終一定會找到你追求的東西。

第三，遭到拒絕很有可能會造成巨大痛苦，讓人覺得自己不被需要、不受重視。當我們被拒絕時，更需要花時間多和欣賞並珍惜我們的朋友相處。和信任的親友分享這些艱難的時刻，能夠緩解負面情緒的傷害性，並幫助你自我肯定。有句諺語說「喜悅因分享加倍，悲傷因分享減半」，正是在強調敞開心胸和別人聊聊自己經歷的重要性。因此，這種時候不要獨自受苦，尋求他人的幫助和陪伴能讓你更容易度過。

最後，我想建議你花點時間仔細檢視自己的經驗，然後便放下一切繼續向前走。在遭受拒絕時，請好好消化隨之而來的情緒，讓自己恢復冷靜。接著，請花點時間思考自己可以從這個經驗中學到什麼，畢竟親身經歷是我們最好的老師。把自己學到的東西內化，將這些寶貴的教訓應用在下一次機會中。別忘記了，要找到正確的道路，可能總得迷路幾次，有時甚至得兜兜轉轉很久，但如果你能把每次拒絕當作成長的機會，最後一定能找到最適合自己的道路，抵達讓你滿心喜悅的終點。我在這裡為你加油！

別為了被拒絕而沮喪，

更好的道路也許就在前方。

當下也許看似挫折，事過境遷之後，

往往能發現其中隱藏的祝福。

如果你能夠回到十年前，

給當時年輕的自己一個建議，

我猜你大概會說：

「別擔心，一切都會好起來的。」

現在，想像你正在聆聽十年後的自己的建議：

「相信我，不用擔心，一切真的好起來了。」

他們只是拒絕了你的申請，

並不是拒絕你這個人。

他們的決定是因為

你的申請不符合他們當時的需求，

而不是因為你的為人。

人們總是選擇熟悉的人事物，

即使那會使痛苦延續，

因為那是他們唯一知曉的。

如果你的點子被拒絕，請採取主動，

慢慢開始以自己的方式實行計畫吧。

你的起步可能很緩慢，但有了親自累積的經驗和技能，

沒有人能夠質疑你，你的成功也會更加扎實穩固。

我知道被那樣對待很不好受。

未來的你會讓他們明白，

錯過能對你展現善意和尊敬的機會，

是他們的遺憾。

人們常說，有耐心的人終將獲得祝福。

當某件事情正在考驗你的耐心時，

請深吸一口氣，試著這麼想：

「啊，這是為了讓我得到祝福！」

生命中美好的事物總是需要等待，

像是手工熟成的起司、風味迷人的紅酒、美味的韓式泡菜、

欣欣向榮的珊瑚礁、翠綠豐盛的菜園、茂盛燦爛的花田、

堅定的信任、穩固的關係、財務的安全，

以及充滿意義的事業。

我們在評價一個人的成就時，
往往傾向關注他的個人功績。
然而，考慮他為別人帶來的正面影響，
比如協助他人實現夢想，也同樣重要。

幸福是看見我曾幫助過的人
獲得成功並得到幸福。

如果你想成功，絕對要避免的一件事：

盲目遵從他人，

不去發展屬於自己的風格和處事方式。

如果你已經成功，絕對要避免的一件事：

傲慢自大。

對自己的能力過度自信的人，

常常相信自己能勝過專家，

有時候他們甚至會試著教育專家。

這不僅是極大的錯誤，也會顯露出自己的愚蠢。

那些自豪地宣稱自己擁有世界上最棒、最優秀事物的人，

可能還沒有機會深入探索不同文化、觀點與生活。

如果他們曾有那樣的機會，大多會說：

儘管自己所擁有的，未必是全世界最好的，

但對他們個人而言，卻是最好的。

如果你約會的對象說他不想發展關係，

別懷疑，趕快去找下一個吧。

千萬別花時間展現你是一個多棒的對象，

也別試圖說服對方改變心意。

把這些力氣留給真正想建立關係的人。

如果你約會的對象突然音訊全無，

不妨傳一封語調輕快的訊息點明現狀，

像是「怎麼突然這麼安靜呢？」

然後看對方怎麼反應。

在關係中應該避免突然斷聯，並且保持開放誠實的溝通。

如果你覺得關係難以繼續，請給對方一個簡單清楚的訊息，

像是「我很感謝和你一起共度的時間，但很可惜，

我覺得我們不太適合。希望你一切順利！」

這能省下許多時間精力，並避免不必要的心碎。

在談論過去的關係時，

特別注意自己是否仍然有不甘或埋怨，

這可能表示你將來會邁入類似的關係。

如果對方建議的時間你無法配合，

不要直接拒絕，

試著提供一個對你而言可行的時間，

除非你不想維護這段關係。

如果有人不停貶低或騷擾你，

讓你瀕臨崩潰邊緣。

請記住這個事實：

這是對方有問題，而不是你。

真心喜歡、接納自己的人，不會這樣對待他人。

所以不管對方說了什麼，都不要當真。

我們無法為其他人的不幸負責，

尤其是那些並非因我們而起的不幸。

對他們保持尊重，

同時劃出清楚的界線。

如果你在試圖幫助別人的時候，

變得越來越不快樂，

一開始的善意可能反而會產生怨恨。

一個人越懂得尊重自己，

對待他人時也會展現出更多尊敬和善意。

那些貶低他人或目中無人的人，

要不是在成長的過程中從來沒有被尊重過，

要不就是在那個當下覺得自己不夠重要。

在人生中，我們有時會陷入一種處境：

眼看心愛的人受苦，卻發現自己無能為力。

在這種時候，試著表現出沉靜，

而不是發洩出自己的悲傷或絕望，

你平靜的凝視，會是對方絕大的力量來源。

在照顧年邁的雙親時，請別忘了，在我們還小的時候，

也曾對他們提出各種無理的要求，並且不停詢問相同的問題。

那時候，我們的父母肯定也想要過他們的生活，

但他們還是耐著性子，在我們身上付出了時間。

如果他們曾為了我們這麼做，為什麼現在我們做不到呢？

我們並不是不了解無常的真相，

只是我們有時候會忘記這一點，

以為心愛的人會永遠陪在我們身邊。

因此，在我們失去他們的時候，

會受到驚嚇並因此心碎。

失去生命中重要的人時，

我們可以責怪世界並關上心門，好保護自己免受痛苦。

或者，我們可以敞開內心，用愛紀念曾在生命中出現的人，

擁抱同樣因這個人的離去而悲慟孤單的人。

父母離世後，

孩子們分配財產時如果不夠謹慎，

可能會引發許多痛苦和誤會。

仔細想想看，如果逝世的長輩

發現自己的小孩因為遺產而互不往來，

他們會有什麼感受？

希望你有足夠的智慧抑制貪婪，

不因家產紛爭而和手足形同陌路。

不管有多少財富，

在爭奪的人眼中都會顯得不夠。

但人們若對彼此有愛，

一小片麵包分享後仍然會有剩餘。

佛教諺語說「愛沒有敵人」。

如果你想在這個充滿恐懼的世界中保護自己，

請在心中灌注愛，而不要去憎恨他人。

內心有愛的人，難以成為被傷害的對象。

春日已盡

九〇年代末的某一天，我搭上火車，初次造訪普林斯頓大學。在三月清爽的微風中，我能夠感受到即將來臨的春日氣息。我剛收到普林斯頓大學的博士班錄取通知，準備前往校園和教授們面談。我內心既期待又緊張，對將遇到怎樣的人充滿好奇。

火車抵達車站後，我踏上月台，在人群中尋找事先說好會來接我的同系同學傑森。傑森先認出了我，馬上朝我走了過來。他身高和年紀都跟我差不多，看起來非常和善。我們一見如故，很快就熟稔得像認識多年的好友，而且他先前曾在日本留學了好幾年，對亞洲文化很了解。我這次待了三天兩夜，期間傑森好心收留，讓我留宿在他的宿舍。我們討論了普林斯頓的博士班學程和住宿的情況。由於傑森分享許多詳細實用的建議，再加上我遇到很棒的教授，最終我沒有選擇其他大學，而是決定就讀普林斯頓。

正式開學前，傑森告訴我他想搬出宿舍，找一間兩房公寓，問我有沒有興趣和他一起合租。想到新生活的開始能夠有傑森這樣的好友陪伴，不用獨自一人生活，我爽快地答應了。我們在學期開始前幾週搬進了公寓，還買了共用的書桌、書櫃和各式廚房用具。我們常常一起煮晚餐，週末一起聽音樂會，有時候甚至會一起到紐約近郊的寺廟聽我師父說法。學期開始時，我們已經變成了死黨，我非常高興。

開學後，我們兩個都得面對各自沉重的課業。除了我主修的課程，我繼續學習中文和日文，而傑森則開始學習一直想學的韓文，很自然地，我常常向他請教日文，而他則會問我韓文的問題。隨著時間過去，我發現我們對某些事的看法非常不同。像是在討論政治時，我們對於各國領導人和他們政策的想法往往大相逕庭。他有時會支持我不喜歡的領導人或政策，有時候則是反過來。我們激烈的討論常常延續到深夜，甚至會因為微不足道的小事傷害彼此的感情。

在這樣的情況下，如果能夠分開幾天，給彼此心理空間，通常就會意識到雙方爭執的事情並沒有那麼重要，接著就能恢復正常。但傑森和我一起住在一間很小的公寓裡，很難創造出這樣的空間。雪上加霜的是，我們常常共同搭車去學校，這樣一來尷尬就更難化解了。

我和傑森開始產生各種我先前難以想像的不和。剛開始，我每次煮飯的時候，都會用飯鍋的保溫功能，多煮一點留給傑森。我煮飯習慣一次煮兩三天份，但令我意外的是，傑森並不喜歡隔夜飯，當我問他原因時，他說不喜歡放太久的飯，即使是煮好後一直保溫也不行。接下來，我們狹窄的廚房裡出現了第二台電鍋，兩個人各自煮起自己的飯。到最後，即使我們住在一起，也越來越少坐下來一起吃飯或聊天。

第一學期很快結束了，而在第二學期開始沒多久後，傑森和我起了爭執，第一次向對方大聲說話。事情的起因是傑森買了一台新相機，而我不小心把相機的操作手冊當成垃圾丟掉了。我自己是極簡生活的人，喜歡盡量把東西丟掉，傑森則喜歡把東西留下來當紀念，重要的文件和書也都會保留下來。我因為自己的粗心大意向他道歉，但在那之後有很長一段時間，我們都處於沉默和緊張的狀態中。我們最後重新開始說話，但那只是因為兩人都受夠了那種不舒服的氣氛。

我相信所有曾經合租的人都能夠理解，即使是看似很小的事情，也有可能破壞室友之間的關係。當兩人只是朋友，很多小事都無傷大雅，但如果你們住在一起，這些事都可能會造成摩擦和緊張。舉例來說，你們洗碗和清潔浴室的方式可能不太一樣，或你們對音樂和電視節目的喜好有所不同。還有像是作息不同、睡覺打呼，甚至太常帶朋友來家裡玩，都有可能造成問題。各種你想也沒想過的事，都有機會成為衝突的導火線，即使對方是你最好的朋友或親密關係的對象也一樣。如果你同住的室友是你完全不認識的人，要維持客套和不會讓對方感到被越界的適當距離，相對而言比較容易，但對於熟知彼此的人，反而會變得非常困難。

二十世紀的印度偉大精神導師克里希那穆提（Jiddu Krishnamurti）曾說，我們只有透過關係這面鏡子，才能真正明白自己是誰。他的意思是，只有觀察在關係中自己的心如何反應，才能發現我們的習氣、造作、恐懼、渴望和脆弱。另一位印度大師奧修（Osho Rajneesh）則說，達到人格成熟的意思是，我們不需要讓心如鐵石，感受不到痛苦；正好相反，我們應該要有足夠的勇氣面對自己和他人的痛苦。藉由讓自己對受苦的現實變得敏銳，同時接受這個現實，我們就能深化對痛苦的理解，讓心智成熟起來。

我和傑森的關係正是一面鏡子，映照出我自己先前未曾發現的內心面向。當我看到自己從未注意到的自私、小氣和愛記仇的習氣時，內心既感到慚愧，也深受震撼。同時，我也因為我們的友誼沒能好好發展而感到悲傷懊悔。在二十五六歲的那年春天，我經歷了深刻的自我反省，體驗到許多痛苦、憂傷和悔恨。

如果你即將展開第一次的合租生活，不管你們是室友或情侶，我想分享自己從那次經驗學到的寶貴教訓，希望能幫你避免衝突。

首先，請記得一定要給彼此很多空間。即使你們在同住之前很享受彼此的陪伴，記得你們不需要什麼事情都黏在一起，最好事先討論哪些活動要一起做，哪些時間你們會想獨處。只有給足彼此空間，你們才能追求各自的興趣，不因為對方而犧牲自己想做的事。另外，花太多時間緊密相處，也可能會產生窒息感，容易引發不滿，造成關係緊張。透過為彼此保留自我充電與調適的個人空間，你們能夠維持健康的平衡，進而擁有一段更令人滿意的關係。

再來，請誠實透明地討論彼此的期待，特別是關於生活安排與財務方面的問題，像是垃圾誰倒，浴室要清到多乾淨，衣服是一起洗還是分開洗？水電房租是平分，還是根據個人的收入和使用量按比例分攤？要建立一個共同的家用帳戶買食物，還是大家分開購物？很餓的時候，你可以先吃室友的優格或高蛋白棒，之後再買新的放回去嗎？如果你們能在同居生活開始以後，馬上討論這些事情，很多不愉快和不滿都可以預先避免。

第三，擁有室友表示你需要調整自己的日常作息配合他人，讓相處能夠更和諧。舉例來說，如果你的室友或伴侶喜歡早起，但你不是晨型人，在關燈和調低電視音量的時機上，你可能需要有所犧牲。又或者，你們的飲食習慣可能不一樣，也許你什麼都吃，但對方有乳糖不耐或吃素，在這樣的情況下，各退一步找到你們都喜歡吃的東西是非常重要的。

最後，請學習如何在對方讓你不高興的時候，仍然用尊重的態度討論當下的狀況。每個人都有自己的癖好、獨特的習慣和討厭的東西。在感到困擾的時候，千萬不要默默隱忍，一定要和善地溝通，並且不忘互相尊重，因為對方可能根本不知道這會讓你不悅。如果我們能帶著耐心、同理和尊重面對溝通的挑戰，就能打造和諧的生活環境，建立更堅固的關係。

透過關係這面鏡子，
自我覺察成為可能。
如果在與他人見面或談話時，
仔細觀察自己的心如何運轉，
就能更加理解認識自己。

和好朋友共度時光意義非凡，
和我們生活中其他形式的聚會不同，
這樣的相處沒有目的性和隱藏動機，
只是純粹享受彼此的陪伴。

這世上真正幸福的時刻：

與摯友久別重逢，

整晚暢談近況，

彼此傾聽與陪伴。

在你的人生目標中加入這一項：

交到十個親近的朋友。

溫暖的友誼對你的健康和幸福能有長遠的影響，

遠超過成功或外界的讚譽。

就像我們除了家以外還需要大自然的慰藉，

朋友也是我們除了家人以外不可或缺的生命至寶。

家人是上天賜給我們的禮物，

朋友則是我們自己選擇的家人。

——潔絲．C．史考特（Jess C. Scott），作家

隔壁桌的年輕女孩們

聽到她們的朋友終於找到工作時，

所有人都很替她開心，不斷地說：「太棒了！」

即使我是一個完全不認識她們的陌生人，

也忍不住跟著為她感到高興。

好朋友就像魔術師一樣，

輕輕鬆鬆就能把我的快樂變成兩倍。

有人說，和獨處時相比，

當你和朋友在一起時，

開懷大笑的機率會提高三十倍。

當我們大笑時，只有百分之十五的情況，

是因為發生的事真的很好笑，

其餘時候都是因為有人在笑，我們就跟著笑了。

笑是維繫人際關係的黏著劑。

社交場合有兩種：

一種是對話圍繞著那些不在場的人，

另一種則是大家都在分享自己的親身經歷。

我覺得後者有趣得多。

謝謝你在知道我所有的缺點和問題之後，

仍然選擇當我的朋友。

我的人生有你非常幸運。

當你發現別人身上的錯處時，

你心裡沉睡的相似特質也會被喚醒，

並且開始壯大成長。

不要任由心中這些負面的種子發芽。

仔細想想，如果我們覺得別人太過固執，

很有可能是因為我們內心也同樣固執。

如果我們自己沒有固執的毛病，

他人的固執在我們眼中不過是信念和動力。

這世上最容易的事，就是談論他人的錯誤；

而最困難的事，則是反省自己的過錯。

當你認識一個新朋友時，

不要試圖表現得完美有趣，

而要勇敢展現真實的自己。

他們會因此更加覺得你親切可愛。

在培養友誼的過程中，
一定會有雙方意見不合的時候。
與其看到衝突的徵兆就轉身逃走，
試著公開談論你們不同的想法，
在分歧中找到共存的可能。
如果這麼做，關係會有更堅實的基礎。

如果我們很喜歡一個新認識的人，
通常會出於內心的渴望，將對方理想化。
然而，隨著對這個人的理解加深，
你可能會發現對方跟你想的不一樣。
這時一定要記得，破滅的理想是我們個人的想像，
對方從未要求你如此設想，也不是刻意要讓你失望。

我們常常把「他是那樣的人」和
「我覺得他是那樣的人」搞混，
並且因此自己創造出期待，
最終難免失望。

如果你和某人吵架，
過段時間冷靜下來以後，
請主動找那個人，試著和他們聊聊。
「你最近怎麼樣？那時說了傷人的話，我很抱歉。」
成熟的人知道何時應該道歉和好。

如果你曾向朋友傾訴困擾，之後卻感到後悔，

甚至發誓再也不要這麼做，很有可能是

你感受到了評判，而不是接納。

問題並不在你，而是你的朋友缺乏同理心。

你展現了敞開心扉坦露脆弱的勇氣。

在你的朋友向你傾訴困擾時，

如果你急著分享類似的經驗，

強調自己遇過的困境更加艱難，

對方並不會感覺到理解，更不會得到安慰。

你的朋友現在需要的是，

有人詢問他們的感受，專心聆聽他們說話，

而不是搶著發表意見的人。

對一位陷入困境的朋友說：

「振作起來，往前走吧！」

其實並沒有太大幫助。

因為他們也很想不在意，很想放下，

但就是沒辦法，所以才會掙扎。

試著對他說：

「雖然我無法想像你經歷了什麼，

但我會在這裡陪著你。」

當不得不和會讓你不自在的人相處時，

試著把這當作學習的機會，

提醒自己不要做出類似的行為。

同時你可以仔細思考自己不適的理由，

是因為過往的經歷或傷口被觸動嗎？

還是對方映照出你壓抑在心底深處沒那麼善良的部分？

透過深度了解自己感受的源頭，

你就能進行療癒，使自己成為更完整的人。

如果你把像是玫瑰那樣的嬌美鮮花擺在客廳，

不出幾天就會枯萎了，

樸素美麗的野花往往盛開得更長久。

當我們和才華卓越或外表耀眼的人建立關係，

一開始即使美好異常，但往往無法延續。

相反地，和那些簡樸的人交往時，

產生的關係通常更為可靠，能經歷時間考驗。

能夠使我們生命發生轉變的，

往往不是我們讀的書或去的學校，

而是那些因緣際會遇到的人。

如果你想改變自己的生活，去認識新朋友吧。

當我和好朋友見面時，

他對我流露出的正面回應，

讓我變得更像自己。

有些人向神職人員傾訴；

有些人訴諸詩歌；

我則是走向朋友。

——維吉尼亞．吳爾芙（Virginia Woolf），作家

我的嫉妒，我的痛苦

在我還小的時候，每次拜訪完大伯，我都會低落很久。因為大伯一家住在他買的豪華公寓裡，有五間房間和兩間浴室，那區住了許多有錢人，首爾最好的學校也在那裡；對比之下，我家住在沒有隔間的狹小出租公寓。大伯家像是另一個夢幻國度，有著獨特的氛圍和文化。

在眾多差異之中，我最先注意到的是氣味。每當我打開大伯家的門，一跨進屋內，一股神祕溫暖的香氣便撲鼻而來。門內的鞋櫃旁則擺著各種運動用品，都是我一直想買但家裡無力負擔的，包括籃球、排球還有單車。接著是客廳，那裡有一張又大又舒適的沙發，牆上則掛著有名藝術家的畫作。最讓我羨慕的是那間琴房，我很想學鋼琴，但家裡實在沒有錢讓我去上鋼琴課。每次看到父親的大哥和他的家人居然能住在這麼漂亮到不真實的地方，我都覺得這會不會是場夢。

大伯有兩個孩子，也許是因為他們曾在國外住過幾年，我常常覺得和他們之間彷彿隔著一條巨大的河，而他們站在另一岸，從未伸出手，邀請我和弟弟加入。所以每次去大伯家做客，雖然堂哥和堂弟就在那裡，但我都只和弟弟一起玩。你或許會想，為什麼我不主動接近堂兄弟，但對擁有不多的人來說，要向擁有很多的人伸出手，是很困難的。我那時還很小，那是我大伯家，不是我熟悉的地方，所以我只能盡量不引人注意地熬過那些造訪時光，帶著傷心和失落回家。

當然，我現在已經長大成人，也克服了對生活匱乏的心結，因此能夠輕鬆談論這些往事。但對作為一個小孩的我來說，伯父的豪宅在我的心裡產生了巨大的影響，勾起我內心不如人的強烈感受，我因為難以消化這些情緒，甚至還有段時間對我的父母起了怨恨之心。另外，雖然我的學業成績很優秀，但總是無法勝過次次拿全學年第一的堂哥。一切種種都嚴重損傷了我的自信，我開始越來越自卑，覺得以自己的貧寒出身，不管怎麼努力都無法超越眼前的大山，也就是我的堂兄弟。

每個人一定都有一兩個印象深刻的童年情景，只要閉上雙眼就能重新經歷。我的發生在小學五年級時，那次整個家族聚在一起慶祝奶奶的生日，我其實很不想去，但爸媽還是硬拖著我和弟弟出門了。到了以後，我還沒來得及問候所有親戚，伯母就把我和堂兄弟們推到同一個房間，要我們好好一起玩。逼不得以，我只好和很久沒說過話的堂弟交談，他拿了一個伯父從美國買回來的玩具給我們看。那玩具看起來像一台相機，但其實是看幻燈片的，把裝著彩色底片的碟片插進玩具裡，湊上觀景窗，就能看到許多美國國家公園的優美風景照。堂弟說我可以試試看，所以我就自己拿來操作給弟弟看，我們都覺得很好玩。

可惜玩沒多久，按鈕就失靈了，怎麼按也無法換碟片。我焦急地試著找出問題在哪裡，發現原來是碟片變形裂開了。我想了一下，決定走到房間外偷偷地把碟片丟掉，假裝什麼事情也沒有發生。

想當然，堂弟很快跑來問我碟片在哪裡，我一直跟他說我什麼也不知道，他於是跑去找伯母告狀，伯母就來問我和弟弟是不是真的不知情。在伯母質問我們的時候，很奇怪地，許多情緒突然一股腦湧上，那是種難以解釋、古怪又複雜的情緒，包含了悲傷、恐懼、怨恨、嫉妒、憤怒還有委屈。我完全被這些情緒擊倒，哭得停不下來，心裡默默發誓再也不要去大伯家。但是下一年，我還是心不甘情不願地跟著爸媽去做客了。

以現在作為成人的眼光回望，我理解了自己那時一定是對堂兄弟產生了強烈的羨慕和嫉妒。雖然這樣的兒時經歷並不少見，但想到那時，我仍然能感受到一絲當時的心痛，畢竟羨慕和嫉妒引發出的種種情緒實在過於複雜，能夠產生巨大的痛苦、悲傷甚至是憤怒。

當我開始覺察到自己嫉妒他人的心情，就注意到我嫉妒的對象往往都不是和我相距很遠的人，而是和我有關的人。舉例來說，我們可能會對同期進公司卻先得到升遷的同事感到嫉妒，我們也可能對曾經住在同一棟公寓，但因為繼承了遺產，得以搬到大房子的朋友產生嫉妒。但我們很少會對八竿子打不著的人起嫉妒心，像是比爾・蓋茲（Bill Gates）或者伊隆・馬斯克（Elon Musk），無論他們多富有、多有成就，我們也不會覺得和自己有什麼關係。

嫉妒的情感有不同的強度，從單純的羨慕到憤怒，有時甚至會演變為暴力。當我們過度關注他人生活的某個面向，像是財產、技能或外貌，而忽略了整體的樣貌時，就很容易發生這種情況。儘管我們可能很想得到他人所擁有的一切，但那個人也可能因為擁有這些事物或承受相關的壓力與期望，而陷入憂鬱、孤單或焦慮之中。

嫉妒其實並不全然負面，如果我們能好好運用，它能成為努力工作和發展技能的絕佳燃料。有一句古老的名言這麼說：「上天給潛力無窮的人最好的禮物，就是一個看似難以超越的對手。」如果我們能不被嫉妒產生的痛苦打敗，而是運用它來讓自己變得更強大，也許最終會發現，那個讓我們既羨慕又嫉妒的人，正是推動自己走向成功的最大功臣。

說起來有點不好意思，但讓我下定決心一定要進常春藤名校的，正是我年輕時想要贏過堂哥的心情。我對家人說我想去美國是為了自己的學業，但內心深處，我其實是想對自己和整個家族證明，我能以自己的方式成功。我很確定，如果不是因為那時對堂兄弟的羨慕與嫉妒，我不會那麼認真學習。但現在我已經長大了，我想藉此機會，對我親愛的堂兄弟表達謝意和歉意，同時，也想給我內在那個受苦又孤單的小男孩一個溫暖的擁抱。

Chapter 3

當你因疲憊而失去喜悅時

微小但確定的幸福

「YOLO已經過時了，現在流行的是SBCH。」當我在首爾問起人們最近都對什麼有興趣時，他們這麼告訴我。「YOLO」是「你只能活一次（You Only Live Once）」，這句話被用來鼓勵人們縱情享樂，然而這麼做的話，最後生活往往會變得更辛苦。因此，人們開始轉而尋求「SBCH」，也就是「微小但確定的幸福（Small But Certain Happiness）」，又稱為「小確幸」。這個詞是日本小說家村上春樹在他的散文集《蘭格漢斯島的午後》（ランゲルハンス島の午後）中提出來的概念。

村上還給了幾個具體的例子：「撕下一小片剛出爐的溫熱麵包，放進嘴巴裡品嚐；在搖晃的樹葉篩落的午後陽光下，聆聽布拉姆斯（Johannes Brahms）的室內樂作品；打開抽屜看見疊得整整齊齊、乾淨清爽的內衣褲。」人們常常覺得幸福是未來歷盡風霜後才會有的感受，或者是得完成某個了不起的目標才能得到。小確幸的概念正好相反，它告訴我們要從每天的日常小事中尋找喜悅和幸福。

看到大家開始用新的角度看待幸福，讓我感到很高興。長久以來，人們通常都認為幸福是多年辛苦工作的成果，只有在進入好的大學、找到薪水優渥的體面工作，或者買下夢想中的房子以後，幸福才會來臨。然而，小確幸的概念使我們發現，幸福不僅存在於象徵人生重大里程碑的好事中，更存在於每個當下，在我們投入簡單而愉悅的行動時悄然湧現。

換句話說，人們開始理解，並不需要經歷多年的掙扎痛苦才能享有幸福，如果我們知道如何欣賞眼前生命賜予的時刻，當下就能感受到幸福；同時，這也告訴我們，除了世俗的標準，還有各式各樣無窮的幸福可能，每個人都能夠為自己的幸福下定義。對某些人來說，早上剛沖好的咖啡散發出的香氣代表著平靜和幸福，而對另一些人來說，則可能是陽光灑在皮膚上的溫暖感受、春天初綻的花朵、冷冷的冬天窩在溫暖的毯子裡，或只要下班之後和心愛的小狗或小貓玩一會兒，就會覺得很幸福。也就是說，只要我們願意慢下腳步，用心注意並欣賞那些生活中看似平常的小事，幸福隨手可得。

我當然不是要說，和我們愛的人結婚、生下一個寶寶或得到夢寐以求的升遷機會，不該是人生重要的快樂來源。這些事情帶給我們的巨大成就感和滿足感都是真的。但如果我們認為只有這些事能帶來真正的幸福，我們就會花費大部分的人生追逐幸福，達到一個目標後，還沒喘口氣就馬上想著下一個目標要怎麼完成，完全沒有滿足的一天，在汲汲營營中度過一生。更糟糕的是，如果沒能達成自己設下的目標，我們還可能覺得一切努力都是白費，一點意義也沒有。對比之下，如果我們能夠擁抱小確幸，就能在日常生活中更常體驗到喜悅，即使只是一陣春天的微風拂過臉龐，都能讓我們感到喜悅。

在思考對我來說什麼是小確幸的時候，我想到好幾個例子。最先想到的是韓國公共廣播電臺的音樂節目，聆聽主持人播放的音樂對我來說是非常放鬆和開心的時光，我特別喜歡他們以世界各地的音樂為主題的那個節目。每次我新認識一首從來沒聽過的動聽樂曲，內心就會盈滿感動，像是不小心在路上撿到寶藏。

我也很喜歡每天早上到家附近的公園散步，那個公園裡有張棕色長椅，四周有美麗的老橡樹圍繞。只要往椅子上一坐，看著在樹葉上閃耀的陽光，聽著鳥兒清脆的鳴叫，不消片刻我就能接收宇宙對我的慷慨，覺得心滿意足。每次我心裡事情很多的時候，就會去那裡坐一坐，冥想一下。這總是能讓我煥然一新，像是一架剛調好音的鋼琴，又能重新奏出和諧的音樂。

另外，在書店挑選和翻看喜歡的書，對我來說也是很大的幸福。書本能帶我去從未認識的全新世界，即使無法親身經歷，但我能透過作者的描述增廣見聞，增加思考的深度。正是因為如此，每當在書店遇到一本好書，我的心總是會感到雀躍。

和朋友消磨時光則是另一種小確幸，朋友不會把我當作一個禪學導師或著名作家，而只是一個普普通通的人。我們之間坦然親近的交流，能為我帶來許多安慰和力量，讓我在人生對我投出變化球的時候，仍然能保持平靜和鎮定。

也許是歌德（Johann Wolfgang von Goethe）這麼說

過，如果你有新鮮的空氣、燦爛的陽光、乾淨的水和朋友的愛，人生還有什麼不滿足的呢？隨著年紀漸長，我越來越能感受到這些話的力量。

散步時紫丁香的香氣騷動著我的鼻尖；
在清朗的天氣望著秋天的遠山；
廣播傳來未曾聽過的美好音樂；
在書店找到空位可以坐著翻看有趣的書；
想念的朋友傳來訊息；
提前完成工作多出寶貴的休息時間。
你在什麼時刻會感受到這類小幸福呢？

當你的心安靜下來，
就會開始看見先前沒有注意過的東西，
包括自己的內心還有外在的世界。
你將因此意識到自己已非常富足。

如果你把幸福視為欣賞而不是擁有，

這樣一來，那些你無法真正擁有的事物，

像是房間內的陽光、孩子的笑聲、

溫暖的擁抱、秋葉繽紛的色彩、

美得奪人心魂的日落、深夜撫慰人心的爵士樂聲，

甚至是你支持球隊的勝利，

都能為你的生命注入幸福。

最重要的是你能否慢下步調，好好欣賞生命。

如果你很自在放鬆，

路上遇到的每個人在你眼中都顯得可愛友善。

如果你急急忙忙神經緊張，

最美的人對你來說也不過是路上的障礙，

就算經過也無法真正看見。

你選擇把注意力放在哪裡，

會影響你整個人的精神狀態。

如果我們專心凝視春天的花朵，

我們的心就變得明亮美麗。

如果我們只往出錯的地方鑽牛角尖，

我們的心就會變得陰暗沮喪。

正因如此，必須謹慎選擇關注的事物。

某個春日午後，我悠閒地走在一條小路上，
飛舞的櫻花瓣落在我身上，同一時間，我正在聽
詹姆士・泰勒（James Taylor）的
〈Shower the People〉，
音樂和空中散落的櫻花神奇地完美融合了！

我們可以用兩種不同的方式過生活，
一種聚焦於「作為」，另一種專注於「存在」。
在強調「作為」的人生模式中，
只有完成某件重要的事，生命才有價值。
但在強調「存在」的模式中，
我們會感覺到生命本身不只可貴，甚至神聖，
與整個宇宙和愛的源頭緊緊相連。

強調「作為」的人生尋求在遙遠的未來得到幸福，
強調「存在」的人生則透過放鬆地活在當下發現幸福。
當你不再一味追尋，而是欣賞當下已擁有的一切，
就能找到平靜、幸福和愛。

仔細觀察在你吸氣和吐氣時，身體有什麼感覺。
當你深呼吸時，緊繃的身體就能慢慢放鬆，
輕鬆、開闊和連結的感受會慢慢浮現。
每當你覺得快被外在的世界淹沒，和自己失去連結時，
回到你的呼吸，重新找回鎮定和專注。

如果你很想要某個東西，

渴望的能量會讓你顯得緊張迫切。

把成果交給上天，做個深呼吸，記得微笑。

在禪僧的世界裡，有一句極高的讚美：

「那位和尚，真的讓他的心安住了。」

他放下了一切，領悟了自己的本來面目。

如果你仔細觀察感恩之心，

你會發現明亮與平和。

如果你仔細觀察明亮與平和，

你會發現覺醒與沉著的品質。

這就是為什麼常保感恩之心的人往往擅長冥想。

如果你能控制自己的野心，就不會過度逼迫自己。

如果你不過度逼迫自己，就不會損害健康。

如果你的健康良好，你的心就能很快找到平衡。

如果你的心保持平衡，你就能在微小的事物中發現幸福。

如果你把物質的財富當作生命最終的目標，

你最後可能會變得很有錢，但同時也很孤單。

金錢必須像河水一樣流動，才能閃耀出光芒，

一旦停止流動，就會像死水般發臭。

和別人分享你的財富吧，你的收穫將會比付出更多。

度量成功時，不該只用你擁有的財富，

也要考慮你晚上能不能睡得好。

那些所謂的「成功」人士裡，

有許多人夜裡從來無法睡一場好覺，

因為他們的心靈根本無法放鬆。

七個幫助睡眠的訣竅：

1

讓自己有十五分鐘的操心時間。

如果你因為焦慮的思緒而難以入睡，

請每天撥出十五分鐘的空檔，專門用來操心。

把所有擔心的事情和可能的應對方法都寫下來。

寫完了以後，做幾個深呼吸，然後去睡覺。

這樣就不用擔心會忘記該做的事了。

2

找出三件感謝的事。

如果你以善念結束一天，

內心會感到暖暖的，

並且更平靜，睡得更深。

3

讀一本書或聽一些平靜和緩的音樂。

不要看手機和電視，

它們發出的藍光會阻礙睡眠荷爾蒙褪黑激素分泌。

試著讀書或聽安靜的音樂。

4

在上床睡覺前兩個小時就把房間的燈光調暗。

你的身體會因為光線的刺激減少，開始準備入睡。

5

不要喝酒。

喝酒後睡著會讓人在半夜醒來，之後很難睡得安穩。

6

在上床前一個半小時洗個熱水澡。

當溫暖放鬆的身體逐漸降溫時，會更容易入睡。

7

把房間的溫度調低，

熱空氣會妨礙入睡。

對你的身體來說，
晚上睡六個小時或七個小時有很大的差異。
少睡一個小時會增加飲食過量和憂鬱的風險，
也會降低專注力，讓人際互動更加困難。
為了有美好的明天，早點上床睡覺吧。

對於那些在週間總是睡不飽的人來說，
週末多睡一點可以幫助減少睡眠債。
所以禮拜六早上允許自己偷懶一下，
享受悠閒的貪睡時光吧！

許多人把興奮當作幸福。

雖然興奮可以讓人非常愉快，

但難以長久，也缺少寧靜。

能夠延續的幸福必然奠基於寧靜之上。

—— 釋一行禪師（Thich Nhat Hanh）

取得巨大成就的人，往往深受壓力和焦慮所苦，

因為要維持那樣的成功，需要花費大量心力。

不要只想著有了成就你能夠得到什麼，

別忘了考慮達到成就所要付出的代價。

即使你真的實現了自己最龐大的野心，

成功也可能傷害你的健康，讓你與家人朋友變得疏離，

並奪走你所有的閒暇時光。

我們也許能夠愛著世界，但我們無法擁有世界。

以宇宙的歷史來看，

人類只存在了非常短的一個瞬間。

別再剝削地球，把自己當成監護人一樣愛護它吧。

這個世界的資源足夠滿足每一個人的需要，

但無法應付每一個人的貪婪。

——甘地（Mahatma Gandhi），印度聖雄

如果我總是想著自己現在沒有的東西，

我的生命就充滿匱乏。

如果我聚焦於自己已經擁有的東西，

我的生命就充滿了感謝。

你的休憩之所在哪裡？

你有沒有一個自己專屬的小天地？當生活讓你喘不過氣，那是你能和自己待在一起好好呼吸，靜靜讓自己休養生息的地方。

像這樣能讓我們重新充電的地方，在西班牙語裡有個特別的名字，叫「querencia」。這個詞原本指的是鬥牛場內為牛隻安排的特別角落，讓牠們與鬥牛士對峙過後，能休息一下恢復力氣。我覺得人也一樣，需要一個絕對安全的避難所，好在為生活努力奮鬥而受傷或筋疲力竭時，有個能好好休息的地方。

我也找到了一個「querencia」，是在朝鮮半島最南端的美黃寺，還有生活在那裡的僧團。不久以前，我在光州完成了一場演講，也許是因為市區太過炎熱潮濕，我一下就感到疲憊，也失去了胃口。值得慶幸的是，我發現接下來幾天都可以休息，於是啟程去了我的療癒之所，也就是美黃寺。這座寺院並不好去，因為它位於海南郡屬地末端，路途十分遙遠，需要預先規劃才能順利抵達。儘管如此，到了那裡卻絕對不會失望。

美黃寺有著驚人美景，環繞寺廟的達摩山有如屏風巍然挺立，嶙峋壯麗的石壁高聳入雲。走進大殿後，殿內的鮮麗漆塗被多年歲月沖淡，留下優雅和諧的色調，古老氛圍讓人內心瞬間平靜下來；座上的佛像並不巨大，也不威嚴，反而像自家祖先一樣親切。大殿周圍種植的藍色和紫色繡球花，在炎炎夏日盛開著。繼續往前走，則是香客可以瞻仰致敬佛陀眾多開悟弟子的偏殿。

當人們見到美麗的事物時，原本忙碌又擠滿思緒的腦袋，就會自然而然地沉靜下來，變得柔和平靜。美黃寺絢麗的夕陽就是這般絕妙美景，能夠平息喧囂的心念，讓晚霞的斑斕悄然滲入心中。試著想像一下，你與一位親密友人並肩坐在寺院大殿的木地板上，靜靜欣賞太陽沉入海面，消失在散落於南方海洋的小島之間；隔天清晨的早課結束後，走出大殿，望見達摩山上薄霧縷縷升起，湛藍天空中皎潔的明月近得彷彿掛在殿宇的簷角，這樣的景象能夠軟化最堅硬、最疲憊的心，讓人養足精神，恢復純善的本性。

美黃寺不只有美景，還有很棒的人。那裡的住持師父已經超過五十歲了，看起來還是非常年輕。他總是誠懇熱情的向每個遊客打招呼，關心他們路途是否辛苦，要人怎麼不感動呢？他也很願意花時間和心力照顧他人，不只為訪客準備茶和水果，也樂於傾聽他們的故事，最棒的是他還很有幽默感。也許是受到住持影響，在寺院工作的每個人都和他一樣親切周到。

我在美黃寺休息的那幾天，遇到了四個來自歐洲的旅人，他們是為了體驗寺院寄宿而來。他們並不是安排許多購物行程的觀光客，而是經驗豐富的旅行者，專程來到這座「陸地盡頭」的寺院，只為體驗韓國傳統文化。也許是因為如此，我們有了許多有趣深刻的對話。他們告訴我，他們還去了鬱陵島、木浦和俗離山，這些都是韓國人會去，但比較少外國遊客會前往的旅遊勝地。我問他們喜不喜歡寺院的食物，他們都讚不絕口。這不讓人意外，因為寺院的齋飯食材都是僧人自己種的新鮮蔬果，還有去附近海邊採集的海草，不只味道好，吃著吃著人都覺得健康了起來。

在那裡時我還去了住持的房間，看到牆上掛著住持的書法作品，上面寫著「有隻偉大又溫柔的手護佑著我」。這句話是個很好的提醒，告訴我們在這個世界上，自己並不是獨自一人。當你感到人生艱難，孤單不已，一切都失去意義，像被獨自遺棄在這世界中時，請記得，這個感受不是真的，這世界並不止於肉眼所見的事物。我們也許看不到，但有一股和善的力量圍繞著我們每一個人，你可以稱其為佛性、上帝的愛，或者無限智慧與慈悲。

當我們筋疲力竭，身體和心靈都陷入匱乏時，可能很難覺察到這股力量。我們覺得生命彷彿失去控制，很難找到動力或保持正面積極。如果這是你的感受，我建議你抽出時間造訪一個美麗的地方，即使只有一個下午也沒關係。重點是要離開熟悉的環境，讓新的事物刺激你的感官。走進大自然，嘗試新的食物，去有趣的商店和博物館。如果你選擇和所愛之人一起出遊，不要做太多計畫，讓靈感帶領你們，並且試著在旅途中敞開心扉聊聊。讓旅程為你充電和重新建立連結，你就能煥然一新，得到更多面對挑戰的力量。

讀到這裡的讀者，有機會請一定要去美黃寺，你絕對會覺得不虛此行。那裡有婉轉的鳥語、活潑的蟲鳴、清新的早晨空氣，還有寺院低沉的鐘聲輕柔迴盪在各處，能夠幫助你療癒和重新認識自己。當你在美麗的達摩山下，手捧著住持師父奉上的熱茶慢慢啜飲時，你的煩惱和憂慮會像日落般褪去，讓你再次找到真正的自己。

山巒幻化為淡青色的樹葉之海，

春天的花朵緊鄰著櫻花盛放，

清朗的夜空中點綴著月光和星光；

只要留神觀看，美出現在每個角落。

在美景環繞下，內在的一切就能顯現出價值。

當你的自我價值感跌落谷底，

請花點時間找一個美麗的處所，在那裡坐一坐。

這能改變你看待自己的態度，重新發現自己的價值和美好。

當我們身處純淨美麗的大自然中，

心會立刻放鬆下來，然後就能感覺到，

萬事萬物都是如此可愛獨特，包括我們自己。

也許人們會變得凶狠或疲倦，

不過是因為我們太少接觸純淨美麗的事物。

在你所生活的城市找個鮮為人知的好地方。

可以是附近咖啡廳的角落位置，

參天大樹下的寧靜樹蔭，

你最愛的書店裡的舒服座位，

或是博物館裡可以近距離欣賞珍貴藝術品的絕佳視角。

你可以常常去那裡，好好花時間和自己相處。

美化空間最簡單的做法就是整理你的房子，

把那些你久未使用的東西丟掉，

給留下的每件東西一個恰當的位置。

如果不知從何下手，可以先從過期食物、舊報紙、錄影帶、

穿爛的運動鞋、不成對的襪子和各種不知哪來的小東西開始。

這會讓你的空間變成珍貴美好的地方。

還有一個提升空間美感的小訣竅：

不要同時使用好幾個類似的東西，

即使有人送你新的也一樣。

你不需要同時使用三種不同的牙膏。

先用完一條，再拿出新的一條來用。

這能避免雜亂感。

智慧讓我們看見，

複雜的事物並不複雜。

美則讓我們知道，

簡單的事物從不簡單。

我們人類渴望在生命中找到意義和目的。

但真正的意義往往並非來自個人利益的追求，

而只能在利他的服務中發現。

當我們的生命對某人產生助益，

我們就會開始感受到自身存在的意義和目的。

想要找到自己，

就要忘懷自我，

投身於服務他人。

——赫曼．哈瑞．霍恩（Herman Harrell Horne），作家

當我鬆開對自我的耽溺，

誠懇關照他人的幸福，

並提供他們需要的支援和協助時，

不只我的焦慮退去，

我的身心健康也因此改善。

這世界上一切事物都相互連結、相互依存。
因此，我們出於善意採取的每個行動，
都會強化那個連結，帶領我們走向喜悅，
那份喜悅正是我們真正的本質。

當一切都不如意，生活感覺十分艱難，
或者想不出如何解決眼前的問題，因而挫敗失望時，
請做點小小的善行吧，這能創造善業。
這一點也不困難，你可以對身邊的人表達讚賞，
捐一筆小錢支持你覺得有意義的社會事業，
或者是對遇到問題的人伸出援手。
你可能會覺得這些事和自己遇到的困難毫不相關，
很神奇的是，它們最終會以不可思議的方式對你產生幫助。

如果你想變得幸福，試著用不一樣的方式生活。

回家的時候選一條平常不走的路；

在餐廳點一道平常不會點的菜；

聽一首你的播放清單裡沒有的新歌；

調整一下家裡家具的位置；

選一本和你平常會讀的類型完全不同的書；

然後買一束鮮花擺在桌上裝飾。

當我們體驗到積極的改變時，內心會生出喜悅。

十二件讓我開心的小事：

1. 週六早晨練瑜伽。

2. 親手做新鮮的酪梨醬。

3. 造訪一家沒去過的舒適咖啡廳。

4. 在書桌擺上鮮花。

5. 乾淨整齊的房間。

6. 聽一場發人深省的演講。

7. 在森林裡悠閒散步。

8. 去施粥所當志工。

9. 打電話給媽媽聊天。

10. 和好朋友一起煮晚餐。

11. 享受清晨的寧靜安詳。

12. 在浴缸裡手捧好書舒服泡澡。

如果我們把幸福和「愉悅感」畫上等號，

我們的人生就會有大把時光和幸福沾不上邊。

有人說，古希臘人對幸福的定義是

「一個人努力實現自己最大潛能時所感受到的喜悅」。

現在的你正在努力發揮自己的全部潛能嗎？

如果如此，前進的道路上一定會收穫幸福。

如果你想讓自己的心靈保持年輕，就去學習新事物。

不管你年紀多大，只要成為學生，

就能從學習中體驗喜悅的火花，打從心裡年輕起來。

你也能從中發現如何不依靠他人就變得幸福。

學習帶來成長。

成長伴隨著喜悅。

那些知道怎麼享受獨處時光，

不總是需要人陪的人，是真正自由的人。

光是擁有很多時間，並不足以讓一個人變得自由。

如果你覺得某個大任務像是要把你壓垮，

請專心為眼前的小任務全力以赴。

每個當下能解決的事都不大，

但所有小事加起來能夠成就大事。

你起初雖然微小，

終久必甚發達。

——《約伯記》8:7

披薩的滋味是在咬下第一口的那一刻決定的。

那一口通常取決於用來做餅皮的麵團有沒有用心準備，

只有在準備披薩麵團時用心做好每一道基礎功夫，

才能帶出其他披薩食材的美味。

如果你的事業遇到問題，請檢查是否忽視了基礎。

我們常常在腦袋裡創造出一個複雜的架構，
裡面包含各種要快樂就必須滿足的「條件」。
我們認為只有達到所有條件，才會感到快樂。
但那些條件往往正是你不快樂的元凶。
它們在你心中創造了匱乏，
阻擋你體驗當下就在眼前的美好和幸福。

我們之所以感到幸福，
不是因為終於得到了我們想要的，
而是因為我們終於決定放鬆下來，不再苦苦追尋。

在躁動不安的心中找到平靜

前陣子，一個很久沒聯絡的老同學聯繫了我，讓我非常高興。他說自己很幸運，終於在任職的會計師事務所爬到合夥人的職位。他雖然謙虛地把成就歸功於幸運，但我知道這是他認真工作的成果。我們認識相當久了，他自小就是聰明又勤奮的人，所以對於他能夠在職場上得到肯定，我一點也不意外。他分享完好消息後，還說要請我吃晚餐，於是我開心地接受邀請，馬上約定好時間。我很期待能和他敘敘舊，好好恭喜他獲得升職。

碰面當天，我們去了一家小麵鋪，一人一份蕎麥麵，還點了份泡菜煎餅共享。食物雖然簡單，對我來說卻比山珍海味更令人珍惜。在炎熱的夏天裡，泡在冷湯裡的麵條佐上蘿蔔絲，再撒上切得細細的蔥花，沒有比這更好的食物了。泡菜煎餅也是清淡冷麵的絕佳搭配。我看著好友大快朵頤，心裡高興得不得了。我們一邊吃，一邊交換著最近的生活。

從對話中，我才知道在四十幾歲就得到合夥人的資格有多麼不容易。他還告訴我，公司在他通過如此困難的考驗之後，對他另眼相看，他現在不只有公司派車和私人辦公室，甚至還有祕書協助處理各項事務。然而，他臉上的表情似乎不是全然開心。我繼續聽下去之後，才明白了為什麼。原來他成為合夥人之後，才知道合夥人也有分級，像他這樣的新進低階合夥人其實沒什麼話語權，要等到他再升兩階，在公司才能有一些實權。他之前一直以為自己只要努力成為合夥人就好，但等他好不容易爬到這個山頭，發現還有一座更高的山在前面，就不免對自己的現狀有些失望。

聽完這些以後，我突然不太確定自己該恭喜還是安慰他。仔細想想，我們的人生也大多如此。我們常常認為如果完成某個夢寐以求的目標，就能踩著勝利的腳步走進新生活，一切的煩惱也將隨之消失。但這不過是個幻覺。在新的生活裡，會有新的規定、不同的社會階層，還有身處其中才能發現的潛規則和歧視。

對我來說也是這樣。一開始，我本來以為只要把世俗生活拋在腦後，把頭剃了，專心追求靈性成長，就能得到解脫。但進入寺院以後，其實要先過一年的沙彌生活，接著要繼續學習才能成為比丘。成為比丘後，也還是要繼續接受訓練並參加考試，努力學習才能從四階升到一階。類似的心情我還在求學時代體驗過。我本來覺得只要能進哈佛大學，自己就會非常幸福。但是等到我真的進了哈佛，我才意識到比起像我這樣的神學院研究生，大學部、法律系和攻讀企管碩士的哈佛學生得到的尊敬和待遇更多、更好。換句話說，就算你進入了自己夢寐以求的世界，也不代表旅程已經抵達終點，可以從此過著幸福快樂的日子。

我這麼說，不是要說我們不該在達成目標後，重新設立值得我們努力的目標並全力以赴。那樣做很棒！然而，如果我們認定幸福只是實現重大目標時感受到的興奮狂喜，那就有點危險。因為這麼想的話，那些還在追求目標的日子該怎麼辦呢？難道這些時光只能是普普通通的過渡時期？另外，只有在重大里程碑帶來的強烈喜悅能夠持續很久的情況下，這樣的心態才會對我們有益。但我想我們都會同意，那樣的感受並不能持久。我們往往立刻就會望向更大、更美好的目標，然後甚至都還來不及喘口氣，就開始往新的目標奔去。

說到這裡，我要點出一個重要的發現：如果我們的最終目標是幸福，那麼只要我們的心仍在汲汲營營尋求下一個獎賞，無法平靜下來，我們就沒辦法體驗到幸福。當我們的心不再從別處尋找幸福，而是放鬆下來、安住於當下時，就能體驗到自己追尋的幸福滋味。

舉個例子，當我們終於買到一直想要的房子、車子或名牌包的時候，看起來很像是那些東西給了我們幸福。然而，如果我們仔細觀察，就會發現並不是得到的事物本身讓我們感到幸福，而是心在達到目標後進入放鬆狀態，暫時停止了外求的躁動，因此產生出幸福的感受。這很合理，因為如果是外在事物給了我們幸福與平靜，那麼理論上來說，只要我們持續擁有那些事物，幸福與平靜應該不會中斷。但我們都知道事實不是如此，正好相反，我們往往很快就會開始尋找下一個事物。

既然如此，與其不斷掙扎著尋求短暫的緩解，通往幸福更快的捷徑也許是學習如何讓心放鬆並安住於當下，欣賞我們已經擁有的事物。放下我們必須等到成就斐然才能幸福的假設，讓我們練習在當下感恩，並將目光放在已經擁有的美好。從今天起，你可以選擇用一輩子等待那個完美的幸福時刻到來，或者你可以學習如何安放躁動的心，在靜心中發現比我們想像中更靠近的幸福。

Chapter 4

當你感到孤單寂寞時

我們爲什麼會感到孤單？

人為什麼會有孤單的感受呢？這個感受並不是因為身邊沒有人，我們很多人和父母、配偶或孩子住在一起，即使是獨居的人，也有天天見面的同事和常常聊天的朋友。但是就算生活在人群之中，我們仍然會感到孤單。甚至金錢、權力或是名氣，都沒能讓人們對孤單免疫。事實上，一個人所擁有的東西越多，他們就越有可能在別人靠近時感到戒備，反而更加容易孤單。韓國詩人柳時和（Sihwa Ryu）曾寫下「即使你已在我身邊還是想你」，這句話傳達出來的情感，就是即使有人在身邊，我們可能還是會感到孤單。這是為什麼呢？

創立「以人為中心治療」（person-centered therapy）的心理學家卡爾．羅傑斯（Carl Rogers）做出了解釋。他說人類之所以孤單，是因為害怕如果把真實的自己展現出來，他人非但不會溫暖接受，反而會因為看見我們的缺點，批評甚至拒絕我們。雖然我們很希望能夠敞開心胸毫無偽裝地坦露自己，好建立更深層的連結，但開放自我並不伴隨著他人一定能提供支持的保證，甚至還得冒著自己內心深處的隱私被對方散播出去的風險。因此，我們猶豫著不敢讓別人真的看見自己，將社交面具牢牢戴上。透過隱藏真實的自己、以安全且表面的方式與人互動，確實能夠避免被批評或被傷害的風險；然而，我們也失去建立深刻且有意義之連結的機會，內心常常留下無法排解的孤單感。

我們在學校和職場不能隨心所欲地展現真實的自我，這似乎很好理解，但為什麼我們往往在最親近的家人面前也需要掩飾自己呢？為什麼親子、手足甚至伴侶之間，常常橫亙著心理障礙呢？根據卡爾．羅傑斯的說法，當父母沒有創造出安全的環境，以無條件的接納和正向的態度對待孩子時，孩子心裡就會開始出現心理障礙。這些父母可能從來沒有在自己的父母身上體驗到對孩子的尊重，因此很有可能複製自己的兒時經驗，試圖批判或控制孩子的想法和行為。舉個例子，如果家長只在孩子表現出他們期望的樣子時才給予認可和讚賞，那麼久而久之，孩子就會越來越漠視自己的感受，只關注家長的期待和指示。在這樣環境下長大的孩子，通常會發現自己在父母面前無法自由表達真實的感受，而是經常壓抑自己。他們逐漸習慣隱藏自己內心的感受，並且表現得好像一切都很正常。

類似的情況也可能發生在手足或伴侶之間。由於家人是最親近的人，我們可能會覺得沒有必要客套，或認為對方的一切自己瞭如指掌，因此不需要聆聽對方的想法。

隨著我們長大成人，與家人相處的時間逐漸減少，與學校朋友或職場同事相處的時間則逐漸增加。日子久了以後，我們和家人擁有的共同經驗越來越少，彼此像是不同世界的人。這些原因都讓我們大多數人覺得如果要傾吐心事，朋友比家人要容易得多。雖然如此，我們還是會希望當自己顯露真實、未經雕琢的一面時，家人能夠陪在我們身邊，理解我們的感受，溫暖接受我們有好有壞的一切。很可惜，不見得每個人都能得到這樣的經驗。

如果我們的家人不批判而只是全然接受自己，那會怎樣呢？如果是那樣，我們就不用把自己的想法和情緒隱藏在冷靜的面具之下，就能不帶恐懼地表達自己。在這樣氛圍中長大的孩子，更容易發揮自己的潛能，在人生中綻放光芒。他們會肯定自己的選擇，不會輕易被他人的意見左右。即使失敗了，也能承擔起責任，並在一段時間後重新站起來。另外，他們也更可能尊重他人，對他人展現關懷體貼。這是因為只有曾被尊重的人，才知道怎麼尊重別人。

當然，不是每個人在成長過程中都有幸擁有接納自己的父母或手足。但即使沒有，也不表示我們這輩子就完了。只要有心，我們永遠都能找到接納支持我們的人，並和他們建立良好的關係。這樣的對象可能是比我們更有人生閱歷的長輩，或是一直陪在我們身邊的摯友。如果你現在身邊真的完全沒有這樣的人，也可以考慮找個適合自己的心理諮商師或治療師，讓他們給你接納和支持，協助你成長，學習不需要太過擔心他人的意見，和自己輕鬆自在地相處。

我們每個人都有感到孤單的時刻，當我們發現很難把內心真正的感受和他人分享時更是如此。如果你身邊的人試著向你敞開心扉，分享內在真正的想法，我希望你能試著暫緩評判，只是專注聆聽並表達關心。之後，如果你也能稍微打開自己的心，讓對方看見真正的你，他們也會隨之更加開放。這樣一來，你們之間就能發展出更深刻、更具意義的關係。

人類在生活中扮演著許多角色：
你可以是家長、配偶、女兒、姊妹、外甥女、朋友、
老闆、同事、客戶、老師、學生、鄰居……
對於每個人，我們往往只認識對方在一兩個角色中的面向。
所以，即使你認為自己和對方很熟，
實際上你只知道這個人的一小部分。

人們之所以認為經營關係很困難，
是因為我們沒有太大的興趣了解對方，
但卻很希望對方能夠理解我們。
所以我們往往要求對方聽自己說話，
但實際上沒有人想聽別人說，
只是不停說著自己想說的話。
到最後，我們往往音量越提越高，隔閡也越來越深。

我說我很孤單。

他回說沒有人不孤單。

那不是我想聽到的回答。

現在我覺得更加孤單了。

當他們真正理解我的感受，

並把我說的話聽進心裡，

我會感受到深刻的連結與共鳴。

然而如果他們不斷重複自己的觀點，

從不試著理解我的立場，

那麼即使我們談了好幾個小時，

我也只會感到情緒耗竭、孤單不已。

如果這個世界上有個人能接受你真正的樣子，

你就能保持理智，有勇氣持續接受挑戰。

如果還沒有找到那樣的人，請找個適合你的心理治療師吧。

朋友可能會在你說話時打斷你，

但好的治療師會抱著開放的心仔細聆聽，好好讓你把話說完。

當身體不舒服時，我們不會對看醫生感到抗拒。

然而，當心生病時，我們卻排斥尋求專家協助，

並期待自己會突然好起來。

這可能會讓原本能避免的事態惡化。

疑心重的人覺得很難相信他人，

因此與他人隔絕並孤單過活。

高傲的人覺得和「平庸」的人打成一片過於困難，

因此也與他人隔絕並孤單過活。

我們感到孤單，

並不是因為身邊沒有人陪伴，

而是因為我們的心並沒有對他人打開。

鼓起勇氣敞開心房，主動找人聊聊吧。

你一定會意外發現，

彼此其實有很多共同點。

如果家長即使在困境中依然保有自尊和幽默感，

他們的孩子便能擁有良好的自尊，成長為快樂的大人。

如果家長不考慮自己的財務狀況或能提供的教育水準，

而對孩子有不切實際的期待，

孩子長大後很可能會面臨心理問題。

我們每個人在生命中，都在創造一支獨屬於自己的舞蹈。

失敗、失望和受傷也是這支舞的一部分。

即使家長試著替孩子跳舞，想幫他們躲過痛苦，

孩子終究還是得學習自己上場，在舞步中融入那些人生之苦。

記住，這是孩子的舞蹈，不是你的。

即使我們行為的動機純粹且帶著好意，

對別人造成的傷害仍可能大過助益。

我們往往有錯誤的迷思，認為對自己有益的也對別人有益。

為他人做事之前，問問自己這真的是對方想要的嗎？

強迫別人接受他們不需要的好意，

對他們來說絕對是弊大於利。

身為家長，如果你扛起過多責任，

孩子成人後還想幫他們解決問題，這對他們沒有好處。

同樣地，如果你滿懷罪惡感，

把孩子所有的問題怪到自己身上，這對他們也沒有好處。

我們不應該對他人的生命負責，即便那是自己的孩子。

更準確地說，即使我們想，實際上也做不到。

如果你發現自己想討好父母，

期望他們不要偏愛另一個孩子，

並且給你多一些愛和關注，

他們很有可能只會用藉口搪塞你，

實際行為並不會有所改變。

放棄想改變父母的想法，

因為這樣的期待可能會讓你更受傷。

只有明白父母不只扮演父母這個角色，

同時也是會犯錯的人時，

我們才能變成大人。

當人們感到焦慮恐懼時，

會突然表現得很奇怪。

如果你認識的人突然表現得和平常很不一樣，

你可以想想自己是否無意挑動了對方的焦慮或恐懼。

孤單和獨處是不一樣的。

孤單是你一個人，但你需要別人和你在一起，

而獨處是你一個人，但你感到平靜安寧。

即使是相同的處境，依照不同的心境，

你有可能感到孤單無助，也有可能感到滿足又自由。

孤單代表自我的貧窮；

獨處則象徵自我的豐富。

——梅・薩藤（May Sarton），作家

獨自一人時，你可以享受心靈的自由。

但如果你開始討厭獨處，

覺得一定要和某個人待在一起，

那麼這份自由感就會馬上變成孤單。

獨處有各式各樣的好處。

我們的生產力能有所提高，

也能更專注於個人發展。

我們還能藉此機會好好聆聽自己內心深處的想法，

不受他人意見左右，為自己做出重大的決定。

我們可以全心享受會帶給自己喜悅的活動，

而不須配合他人的願望。

最後，獨處能強化我們的獨立性，

擺脫必須對別人合理化自身行為的需要。

世界上最偉大的事，

是一個人懂得如何做自己的主人。

——蒙田（Michel de Montaigne），哲學家

我們常常把無聊的感受解讀成孤單。

但如果我們換個角度來理解，

也能把無聊看成充滿無限可能性的空閒時間。

不要只是因為無事可做，就認為自己孤單。

我們的煩惱並不來自外在的現實，

而是來自我們給予外在現實各種詮釋的心。

現實就是現實，是未經處理的原始資料，

賦予這些資料意義的是我們的心。

依照你做出的詮釋，相同的現實可能帶來非常不同的感受。

可以的話，試著用讓自己受益的方式來進行詮釋。

雖然我們無法改變過往發生的事，

但我們能控制自己如何詮釋這些事，

也能決定自己要如何回應。

我們可以把那些不開心的事，

當作自己一直等待的契機，

用它來轉化提升自己的生命。

我常常告訴自己：

「事情還可能更糟，但很幸運，事情並沒有那麼糟。

我很感謝事情如此發展。

為了我自己好，我不會怨恨他人。

我會充滿感謝地過我接下來的人生。」

神用各種方式讓我們感到孤單，

好引領我們走向自己。

——赫曼・赫賽（Hermann Hesse），作家

「在一起孤獨」的新世代

我不知道你的偏好如何，但我溝通時喜歡透過文字訊息勝過講電話。我想過為什麼會這樣，覺得應該是因為傳文字訊息不只方便，而且比較不會打擾到別人。當電話響起，我會被迫要馬上停下手邊在做的事，把電話接起來。如果我正在和別人交談，常常得趕緊道歉，草草結束對話。如果我正在吃飯，則是要放下餐具，從餐桌起身去接電話。另外，電話鈴聲也可能造成他人不悅，尤其是在安靜的地方，像是公車、戲院、圖書館或教室。還有一個不便之處，就是如果剛好人在公共場所，還得趕快找個沒有其他人的地方進行私人談話。

然而，如果是文字訊息，我就能等自己有空的時候，在安靜的地方好好閱讀並回覆，不需要馬上停下正在進行的事，或影響到正在和我對話的人。透過文字也更容易讓交流簡短扼要，不像打電話往往需要先進行一輪客套問候。最棒的是，同樣的訊息可以一次在群組裡傳送給好幾個人，省下了分別打電話給每個人重複敘述相同訊息的功夫。有這麼多好處，再加上智慧型手機的發展，文字通訊變得越來越流行，甚至現在對大多數人來說，日常生活的溝通都是使用這個方式，不再需要打電話了。

話雖如此，難道因為文字通訊比較方便，而且每個人都在使用，就表示這是更好的方式嗎？現代人總是盯著手機，幾乎無時無刻都在發送訊息，但奇怪的是，我們仍然感到孤單。如今，我們可以隨時進入網路世界，不受地點限制、幾乎免費地與任何認識的人聯絡，然而，感到疏離與孤單的人似乎越來越多了。這個弔詭的情況到底是什麼造成的呢？

麻省理工學院的社會心理學家雪莉．特克（Sherry Turkle）把當代社會的情況命名為「在一起孤獨」。她的意思是，我們也許身處同樣的空間，但我們的心卻透過不同的手機應用程式去了不一樣的地方。我們常常會看到孩子雖然人和我們在同個房間裡，但眼睛卻牢牢盯著手機，不是在玩遊戲，就是在傳訊息給朋友，或沉浸在社群媒體中，而不是和眼前的人進行面對面的互動。對成人來說也是這樣。不管是職場會議還是朋友聚餐，我們往往只要稍微感到無聊，就會習慣性地掏出手機查看訊息或其他應用程式。

特克教授強調，這類透過網路所建立的連結，和「溝通」這個詞的真實意義有所不同。在透過網路進行的文字對話中，如果某一方感到不自在，他們可以隨時離開對話，無須向對方提出任何解釋，這點和真實世界完全不同。因為在真實世界裡，我們不可能如此無禮。舉例來說，如果我在真實世界裡和某人進行對話，而且說出了刺傷對方的話語，即使這是無心之過，但我能透過對方的表情和語調，了解自己造成多大的傷害。但在文字對話中，我們無法看到對方的表情，也無法觀察語調，要察覺對方的痛苦就變得很不容易。即使我嚴重冒犯了對方，我也無從得知自己造成了多大的傷害。另外，在文字對話中，如果某個人讓我不悅或不適，與其表達自己的感受，我大可直接把對話封鎖。

智慧型手機的使用還產生了另一種現象，就是我們在獨處又沒有手機的時候，很可能會感到不自在甚至焦慮，說得嚴重一點，不適的程度好比沒穿褲子就出門。我們已經習慣不停查看有沒有新訊息，在不同的社交平臺上追蹤別人的生活又有什麼新進展，因此不想要在沒有網路時獨處。如果我們傳訊息給朋友，但他們隔了一陣子都沒有回覆，我們可能會覺得被對方忽視，甚至感到被拋棄，一旦有了這樣的感受，獨處就變得更加困難。

我的朋友高美淑（Misuk Ko）是韓國知名的文化評論家，我曾請教她，為什麼這麼多人感到孤單，但還是覺得打電話或面對面談話很有負擔。她告訴我，這是因為人們雖然想與別人連結，但又不想感到不適或不便。舉個例子，如果我們想和某個人碰面，首先我們得敲定時間和地點，出門前還要梳妝打扮，吃飯喝咖啡都得花錢，還要花時間聆聽碰面的對象說話。仔細想想，這整個過程其實得耗費不少力氣。因此，為了節省這些時間和精力，我們寧願選擇不見面，直接用方便的手機聯絡彼此。另一個很好的例子是用訊息分手。傳幾封訊息結束一段關係確實方便又安全，因為我們不需要看到對方失望或生氣，有了距離保護，自己就能少受點傷。

然而，我的朋友也說，這種溝通方法同時也剝奪了我們體驗面對面交流中那些美好與可貴之處的機會，比如那些共同經歷的感受、在深入了解彼此時產生的連結、被理解與被尊重帶來的喜悅、目睹脆弱與和解時的動人經驗，還有那些平時不會輕易告訴他人、卻願意當面分享的私人故事或重要訊息——這一切都只有在我們面對面相處時，才有可能發生。

到頭來，如果我們想要克服新時代的孤單，我想我們得願意忍受一些不便，多和他人碰面。所以，如果你曾對某個朋友隨口說出「有空碰個面吧」，那何不真的安排一次聚會呢？除此之外，我們也可以不定期為自己安排

「手機排毒」，讓自己享受一段獨處時間，可以讀本書、散散步或在家裡冥想。當我們既能自在地與自己相處，也能自在地與他人相處時，無論身處何種處境，都能找到平靜和滿足。

在我年輕時，大家往往會把日記藏在上鎖的抽屜裡，

以免被其他人發現。

然而現在卻完全相反，每個人都在社群媒體上，

公開分享自己的所有生活細節。

社群媒體設計的目的是要幫助人們彼此連結。

然而人們現在卻感到前所未有的孤單和失去連結。

這不是很諷刺嗎？

我重新和某個老朋友聯絡上，約好了一起吃晚餐。

然而，他還帶了自己的好夥伴——智慧型手機。

我們談話時，他的注意力在我和他的好夥伴間切來切去，

無法完全專注在我身上。

隨著智慧型手機的技術發展，

我們渴望能和彼此更靠近，

但又覺得靠近他人有點麻煩。

你是不是也曾這麼覺得呢？

我們和遠在千里之外的朋友透過文字訊息交流，

卻沒能與站在門外的鄰居互動。

我們輕易地和網路上政治觀點類似的人同仇敵愾，

卻難以找到能和我們分享日常情感的人。

這就是我們生活的時代。

當你在社群媒體上發布任何事情之前，

請先想想，這是不是你能當面向對方說出的話。

輕率地公開批評他人，可能會造成意想不到的巨大傷害。

我曾在社群媒體上分享了一張好看的照片，

是去加拿大健行時拍的。

每個人看了那張照片以後，都不停回應自己有多羨慕。

人們無法從那張照片中看出的是，

在拍出這張照片之前，我刪除重拍了無數次，

不停揮手趕跑景點旁圍繞著我的蒼蠅，

還有拍照時我肚子有多餓、腳有多酸。

你會選哪一樣呢？

一千個新的追蹤者，

還是一個真正的新朋友？

也許我們感到孤單，

是因為對某個朋友有太高的期待。

我們希望這個朋友誠實、溫暖、忠誠、聰明、可靠，

必須和我們有類似的嗜好、生活標準和政治立場。

難怪我們會覺得孤單。

現在開始，如果有個朋友在某個領域和我們很合，

就應該找他出來碰面，分享共同的興趣。

如果希望找到各方面都完美契合的朋友，

我們可能得孤單很長時間。

當我仔細回顧過往人生時，

我的摯友似乎每七到十年就會改變一次。

如果你和某位朋友因為搬家、結婚、換工作，

或只是太忙無法碰面等理由而漸行漸遠，

並且感到孤單，請耐心地等一等。

如果你尋求新的摯友，宇宙會答應你的願望。

曾經有個見過許多成功人士的記者這麼告訴我：

「成功人士的過人之處，就是不管他們

一天要見多少人，都不會感到疲倦。」

當我們和別人聊天時，往往能發現新的機會和點子。

如果你很想改善自己的人生，

請不要被動地等待某人突然降臨，讓一切突然變好。

你應該主動尋求那些能指引你的人。

在你踏出第一步之後，宇宙會回應你的心願。

如果你不試著敲門，門永遠也不會打開。

我們無法了解前來接近自己的人；

只有主動靠近，才能認識他人真正的樣貌。

——歌德，作家

他們並不是壞人，

只是不適合你而已。

即使是好人，只要不適合你，

最後對你來說也會變成壞人。

要和性格與自己完全相反的人共事相當困難。

與其試著改變自己的性格，勉強和對方當朋友，

不如專心交出最好的工作成果，讓對方知道你值得信任。

這可能需要時間，然而一旦你們之間有了信任，

合作就會變得容易很多。

我們和別人在一起時，往往想要一個人待著。

但當我們獨自一人時，又想要有個人陪伴。

那麼，也許問題不是獨處，也不是身旁有太多人，

而是我們搖擺不定的習慣，既不想孤單時獨自一人，

和他人在一起時又感到不自在。

你在做水療時，會有下面的想法嗎？

進入熱水池時，希望水溫能降個兩度。

進入冷水池時，又希望水溫能高個兩度。

造成孤單的根源並不是獨自一人。

如果真是那樣，每當我們獨處時，都會感到孤單。

然而，有時候正是因為獨自一人，

我們反而感到輕鬆自在。

孤獨為生命增添了美感。

它使夕陽閃耀特別的光芒，

也使夜晚的空氣更加芬芳。

——亨利．羅林斯（Henry Rollins），歌手、作家

在你知曉自己真正是誰之前，

不管你的人際關係和際遇有多順利，

都無法擺脫那種缺少了什麼的感覺，

心中總會不時湧現微妙的空虛和渴望。

這是因為不認識真實的自己時，會產生一種錯覺，

認為自己是與宇宙萬物分離、獨自存在的。

直到你能感覺自己就是整個宇宙，才能真正感到滿足。

如實看清孤獨

不久前的一個星期六下午，我突然感到一陣孤單襲來。那天是我的休息日，天氣很好，但我沒有安排任何聚會，也沒有任何人聯絡我。一般來說，如果繁忙的時間表裡有這種喘息的空間，我都很享受獨處時光，把寶貴的休假日拿來閱讀或運動。但那天有點奇怪。當然，在這種時刻我可以主動聯絡朋友，問他們要不要一起吃午餐，好讓孤單得到緩解。但那天我卻不想這麼做。我想更深入地去感受這種孤單，了解它的成因，再探索有效的應對方法。

首先，我開始思考孤單的根本原因。人們通常認為他們孤單是因為沒人在身旁，也就是說，是因為他們「獨自一人」。但如果仔細想想，就會知道這不是最根本的原因。人們即使身邊有親友圍繞，還是有可能覺得孤單，所以我不認為有人陪就能夠杜絕孤單的感受。

另一個說明「獨自一人」不是孤單根本原因的理由是，如果真是如此，那麼所有獨處的時光應該都會帶著孤單的痛楚。但這並不是事實。以我自己來說，我常常覺得能夠安安靜靜和自己相處的時光是珍貴的禮物。其他人也告訴我，當他們獨自一人時，往往會感到輕鬆自在、無拘無束，因為既不用擔心別人的想法，也不用配合他人的需求。考慮到這些情況，實在很難認定獨處就是孤單的罪魁禍首。

那麼，孤單的根源究竟是什麼呢？我繼續檢視自己的內心，接著突然生出一個小小的體悟：每當我生出「需要和別人見面來讓自己開心」的念頭，內心就會升起孤單的感受。在這個念頭跑出來之前，我其實狀態還不錯。然而，只要腦中出現這個念頭，我就會馬上感到一種匱乏，並且對「獨自一人」產生排斥。更有趣的是，每當我的內心有這種排斥感，孤單就會隨之而來。這個發現讓我忍不住要想，也許孤單不過是心理上對當下現狀抗拒的另一種形式。

後來，我又有了一個不同的相關體悟。我注意到自己的腦子會把無事可做和無聊解讀成孤單。接著，為了逃避內在的無聊感，我就會想要找個人一起做點什麼事。而一旦我心裡出現這樣的念頭，我就把獨處變成一項需要避免的狀態。換句話說，感到孤單並不是源於身邊沒有別人這個外在處境，而是來自內心對「獨自一人」這件事的念頭。讓我感到孤單的，是我自己的詮釋。

至於我們為什麼在和他人相處時仍然感到孤單，可以有很多種解釋。大致上來說，這可能是因為我們覺得在場的人並不支持自己，又或者這些人沒有了解我們的意願。當我們覺得自己並不屬於所處之地，那麼不管身邊有多少人，我們都會覺得孤單。簡言之，讓人們感到孤單的成因，其實是缺乏連結。若是如此，我們就得接著追問：要怎樣才能找回連結的感受呢？

最基本的要素是在他人面前展現真實的自己。每個人都會根據自己扮演的角色戴上社交面具。在職場你扮演的角色可能是老闆，而回到家以後，可能要當媽媽或爸爸、妻子或丈夫、媳婦或女婿、女兒或是兒子。為了恰如其分扮演這些角色，我們別無選擇，得有意識地把自己最適合那個情境或互動對象的一面表現出來。但如果想要打造一個深刻真誠的關係，我們必須偶爾展現出自己的其他面向，像是你的脆弱、軟弱、俏皮、天真和幽默。這麼一來，另一個人就會知道，他們能在你面前流露隱藏在角色面具下的自己。如果兩個人都這麼做了，自然而然就會感覺到更深刻的連結，也會變得更加親近。

另外，如果你感到孤單，是因為生活裡真的沒有任何人能夠提供陪伴，那麼請你主動尋找遇見新朋友的機會。我推薦你根據自己的興趣參加像是讀書會、登山社群、修行團體、打毛線或跳舞課這樣的聚會，這麼做不但可以認識新朋友，也能在自己喜歡的領域學習與成長。如果是年紀較大的朋友，也可以找找看附近社區有沒有專供長者聚會的活動中心。剛開始，這麼做可能會讓你有點不自在，但只要願意稍微花點功夫克服，很快就能遇到你想多相處的對象。

最後，我也想建議你看看儲存在手機裡的聯絡人，主動找那些好一陣子沒聯絡的朋友聊聊。我認為我們感到孤單並不是因為沒有朋友，而是沒有主動創造連結。別忘了，你必須踏出第一步，然後世界就會朝你走來。

Chapter 5

當你面對不確定性時

說「我辦不到」的勇氣

最近我被一首詩的朗誦深深感動，這首詩是韓國詩人李奎慶（Lee Kyu-gyeong）的作品，詩名是「勇氣」。詩的第一行非常振奮人心，呼應著詩名，說著「你一定辦得到」。

你一定辦得到。

大家都這麼說。

你必須鼓起勇氣。
大家都這麼說。

所以我照做了。
我鼓起了勇氣。

我鼓起了勇氣，
然後我說：
我辦不到。

這首詩有個出人意料的反轉。起初我以為，在開頭那一句之後，肯定會接續一些歌頌工業時代價值觀的詩句，比如：「我會努力工作，時時鼓起勇氣，然後一路成功永不失敗。」但這首詩在結尾坦白承認：「我辦不到。」我感覺詩人要表達的是，揮灑血汗甚至熱淚以達到成功，並不是勇氣唯一的樣貌；知曉個人的極限在哪裡，承認「我辦不到」，並了解有些道路不適合自己，同樣需要很大的勇氣。

這讓我想到在美國當教授開宗教研究課的那七年。現在看來，那時選擇教職，並不是出於我個人的意願，更像是為了符合外界期待而做出的決定。我念研究所的時候，身邊所有同學在畢業之後都選擇成為教授，所以即使我根本不知道教授是怎樣的工作，因為想被同儕和師長認可，不知不覺也開始往成為教授的道路邁進。那本該是決定未來方向的重要時刻，但我沒有問問自己到底想要什麼，而是左顧右盼，不經思考直接依循別人在做的事。

等我好不容易成為教授，才發現這和我想的非常不同。在學術界裡，把學生教好並不是那麼重要。盡可能寫出大量學術文章、向外部機構爭取研究經費，還有產出能讓上級滿意的研究，才是取得認可和升遷的關鍵。除此之外，我最無法適應的是每個人都忙得不得了。由於到世界各地參加研討會、發表新論文、認識其他學者，都是學術生涯中相當重要的環節，因此一個教授越成功，待在學校的時間也就越少。

直到我成為教授的第四年，我發現自己不能再忽視擺在眼前的真相了。我實在不是成為傑出學者的料。我是能寫學術文章，但我寫得很慢，而且我內向害羞的個性也不利於爭取研究資源，對於建立學術人脈更是沒有幫助。另外，我會開始研究宗教，是為了效法佛祖邁向靈性覺醒，而不是想寫出優秀的學術論文。於是，我逐漸對學者的生活失去了興趣。

我們對自己的人生方向擁有多少掌控權，是幸福的關鍵因素。我們參與的活動如果能和自己的熱情與需求保持一致，不用符合外界期待，那我們的內心就會充滿方向感，覺得自己是生命的主人，從而過得更快樂。反之，即使大家都認為某個活動是享受，如果無法自行決定要不要參與，我們依然會感到痛苦。可惜的是，很多人受限於類似的處境中，因為他們沒有勇氣說「我辦不到」或「這條路不適合我」，只能順著周遭人的安排走上他人期待的道路，而沒能為自己的人生作主。

心理學家許泰均（Taekyun Hur）曾說，如果想要快樂，學會放棄很重要。放棄並不代表消極，而是允許自己找到一條新路。我剛開始和身邊的人談到放棄教授職位，回到首爾創立叫做「破碎之心學院」的非營利組織時，大部分的人都顯得很擔憂，試著勸我打消念頭。其實那時我自己也有很多猶疑和不確定，擔心會不會有人對我們提供的課程感興趣，並且真的報名參加。另外我也不確定自己會不會喜歡幫社會人士上課，畢竟我只教過大學生。但我回韓國不到五年後，釜山已經設立了第二家「破碎之心學院」，在這所意義非凡的學院裡，包括我在內有超過五十名講師，我們一年帶領超過三千名學生學習療癒和成長。

偶爾，在我演講完後，會有眼中閃著淚光的學生接近我，表達他們對無法通過資格認證考試有多麼失望，不確定接下來該怎麼辦才好。我會先給他們一個溫暖的擁抱表達支持，聆聽並認可他們的感受，接著往往會如此告訴他們：

說「我辦不到」也沒關係，說不定這確實不是適合你的道路。如果你停止跟隨別人的腳步，開始思考適合自己的路，最後一定能找到比通過資格考試更讓你感到幸福的目標。甚至，說不定十年或二十年過後，你還會覺得沒通過考試是人生最棒的轉機，實在是因禍得福！所以，即使現在你覺得失落，也請鼓起勇氣繼續探索屬於自己的道路吧。

生活越來越忙碌、越來越艱難時，

請給自己一份特別的禮物：暫時停下來。

停下手上正在做的事，閉上雙眼，退後一步。

然後就像是照鏡子一樣，仔細觀察身體此刻的感受，

聆聽你的心想對你說些什麼。

當你的心平靜下來後，

運用那份平靜的力量，

檢視你是否必須繼續當下正在做的事，

正確的方向在哪裡，

還有你真心想從這個生命得到的東西。

平靜中蘊含的智慧將告訴你答案。

當事情發展不如預期時，

讓我們暫停一下，向內檢視。

讓我們帶著從這片刻的停頓中汲取的新洞見，

用嶄新的決心朝著更有希望的方向再次前進。

正因如此，失敗常常是未來成功的基石。

即使你期待的結果未能發生，

也不代表你付出的努力毫無意義。

你在過程中取得的經驗和知識，

將以其他方式派上用場，

失敗不能將那些一筆勾銷。

即使現在的你無法與這些話產生共鳴，

總有一天，你會感謝這些走過的路。

請鼓起勇氣，不要停下前進的腳步。

錯誤、失敗和不確定都是生命這幅織錦的一部分。

如果你因沒充分發揮實力而沮喪，請將這些感受轉化為動力，

鼓勵自己朝向更高的目標，並探索新的可能性。

成功不是一個終點，

而是一段學習、適應、連結與成長的過程。

相信自己的直覺，去追求卓越，別勉強接受平庸。

對某個特定目標或人過於執著時，

我們可能會認為只有那個目標或那個人才適合我們。

請試著避免陷入這種自我限制的心態裡，

我們所處的世界提供了許多選項，可以讓我們自由選擇。

如果某個目標行不通，我們永遠可以再設一個新的目標。

如果某個人不喜歡我們，我們也可以再找一個新的對象。

如果某件事行不通，

不要因為你已投入大量時間和精力而緊抓不放。

知道何時該放棄是一種自由。

放棄不是結束，而是另一條路的開始。

如果你對完美過於執著，

就會永遠無法開始。

如果你不開始，

要解決的事只會顯得越來越難以克服。

踏出第一步，不要過於憂慮。

你可以在過程中調整，讓成果越來越好。

如果你不知道自己喜歡什麼，

就會把他人的渴望當成自己的渴望。

因為你沒有標準，只好追求每個人都想要的東西。

但這樣的渴望通常需要付出極高代價，

又或者必須和許多人激烈競爭。

我們捨棄四分之三的自我，

只為了和別人相似。

——叔本華（Arthur Schopenhauer），哲學家

與其隨波逐流，

和他人競爭誰能把某件事做得更好，

何不多花些時間發掘真正適合自己的事物，

以及那些較少人追求的方向呢？

即使經過大量的自我反思，

要明確找出自己真正的熱情，可能還是有難度。

往往得在接受新的挑戰、與新的人交流的過程中，

才會逐漸看清內心真正渴望的是什麼。

如果你對眼前的東西並不真的滿意，

請慢慢來，允許自己等待一段時間。

如果你在等待時不放棄尋覓，

適合的人、適合的工作、適合的機遇，

最後一定會出現。

不要在未來出現不確定性時，馬上感到焦慮。

我們只能看到眼前的一小段路，

無法一次看完整趟旅程上的所有道路。

同樣的道理，未來的夢想也必須一步一步來。

當你保持前進的腳步，想像不到的機遇就會出現在面前。

我實在是太想開悟了，

因此毫不在意其他人會怎麼想，

就剃了頭髮出家當和尚。

如果你真的很想做某件事，就去做吧。

到頭來，你的父母、朋友和世界上的其他人，

都會因為你開心而感到開心。

鼓起你的勇氣！

如果你有想要完成的目標，

請找一張紙寫下來，然後在目標下面，

將目前狀態與目標之間的差距拆解為多個行動步驟。

如果你把那張紙貼在牆上，每天花一分鐘盯著它，

為目標採取行動會變得更容易。

當你發現自己與理想中的模樣有很大差距時，

自然會覺得沮喪洩氣。

誠實評估自己目前的能力，

然後為自己立下多個有實現可能的新目標。

每當達成其中一個新目標，

實現更遠大目標的能力也會隨之增長。

我們往往想要快速完成許多事情，

卻很少設立十年或二十年的長期目標。

如果你沒辦法很快達成目標，請不要洩氣。

那些懂得調節呼吸、穩健向前奔跑的人，

最終都能成就偉大的事。

不要捨棄用來養活自己的工作，

但請在工作之餘探索自己的興趣。

同時兼顧兩者，不僅能為自己帶來愉悅感，

最終甚至可能引領你以熱愛的事物為生。

不要只是考慮開始嘗試新事物；

請實際做出行動，不管多微小都可以。

心情不好的時候，不要悶坐在家裡。

讓身體動起來，去附近的公園走走。

或是和朋友碰面，聊聊彼此最近的生活。

如果身體僵硬，又與世界失去連結，

那麼，即使你再怎麼努力改變心態，

都不會感受到太大的差異。

我在旅行時會使用拋棄式刮鬍刀。

這樣的刀片在使用後很容易變鈍，

所以我每次都會不小心刮傷自己。

但如果慢慢來，讓手的動作盡量輕柔，

就能避免再次刮破皮膚。

慢慢來和輕柔很重要。

著急匆忙會讓一切變得更困難。

如果你覺得人生很辛苦，

辛苦到連走路都感到疲憊又沉重，

那就走慢一點，一次走半步就好。

等你開始用自己舒服的緩慢步調前進，

就會發現人生之所以很難，

是因為你在逼自己用無法掌握的速度飛奔。

我內心的兩個自己

有一首很有名的韓文歌叫〈荊棘鳥〉，它的第一句歌詞是：「在我的內心裡有太多個我，以至於沒有你的棲身之處。」這首歌曾被許多不同的歌手翻唱過，每次我聽到這首歌時，總是會被它對人類心理貼切的描寫觸動。歌詞接下來提到，存在於內心的許多個我，會造成「無法抗拒的黑暗」和「無法抵擋的憂傷」，這種描述更是深深引起我的共鳴。因為就個人經驗而言，內心互相衝突的許多個我，常常讓我在無意間傷害了他人，也讓我的內在難以平靜。

以心理學的角度而言，這許多個我可以分成兩大類。一類是「我的我」，這是我想成為的自己，另一類是「他人的我」，這則是家人和社會期待看到的我。如果「我的我」和我個人的內在渴望有關，那麼「他人的我」則是由我周遭的人對我的期待、願望、要求和責任所組成；而後者更是在我沒有察覺的情況下，悄悄被我內化。

每個人的內在都有兩個這樣的「我」，要在兩者之間創造出健康和諧的關係並不容易。尤其是當你年紀越小、父母的管教越嚴苛時，「他人的我」就越容易掩蓋「我的我」。在孩童時期，我們從父母那裡學習社會規範與禮儀，不得不按照他們的管教與控制來生活。然而，如果這種控制過於嚴厲，即使長大成人後，我們很可能依然無法聽見「我的我」發出的聲音。在極端的情況下，我們甚至會認為自己根本沒有「我的我」。

舉例來說，有些人即使已經是個有能力掌握自己生活的大人，還是不願意探索自己的興趣和價值。在決定人生的方向時，他們並不會詢問自己，總是等著他人給意見。他們不敢犯錯，也逃避自己做決定，因為這樣就不用為這些決定負責。這些人通常會透過他人來塑造自己的身分，在自我介紹時往往會說自己是某人的配偶、兒女或家長。

他們也很常忽略自己的需求，把別人的需要擺在前面。比起做點事讓自己開心，他們往往在情緒上依賴他人，只有在父母或配偶開心，或孩子在學校取得優秀的成績時，才會覺得開心。當然，作為「他人的我」活著是有好處的。家人和親近的朋友大概都會很喜歡他們，甚至會對他們讚不絕口。畢竟，很少家長會不喜歡事事順從、叫他做什麼都一律照辦的孩子；也沒有配偶會討厭犧牲自己的需求、全心全力為家人奉獻的另一半。但孩子長大總要離家，父母或伴侶也可能先走一步，到了那個時候，這位一直作為「他人的我」活著的人該怎麼辦呢？如果能夠傾聽內在「我的我」發出的聲音，那就太棒了，但對於一輩子從未練習過的人而言，這並不容易。

大多數人都是在年歲漸長之後，才終於找到那個「我的我」。已逝的韓國小說家朴婉緒（Park Wan-suh）在晚年時曾寫道：「現在我年紀大了，終於可以穿那些鬆緊帶褲頭的寬鬆褲子了；能自由放鬆地完全照自己想要的方式生活，真的很好。可以不用做自己不想做的事，真的很好。老實說，我一點也不想再回到年輕的時候。有可以對不想做的事說『不』的自由，真是太棒了！我怎麼會想拿這個交換青春呢？如果我想寫更多故事，那我就寫。如果我不想寫，那也沒關係。」

我在快五十歲的時候，發現我越來越不在意自己在別人眼裡留下什麼印象。對於首爾街上的路人會不會認出我來，我看得很淡；也因為這樣，我可以很輕鬆地去公共澡堂洗澡，也會在散步時哼歌，偶爾還會唱個幾句。我已經很擅長在事情太多時，婉拒演講或撰稿的邀約，也不再去猜想別人會如何看我。

話又說回來，如果我們完全忽視「他人的我」，也有可能讓自己的人際關係受到不必要的傷害。因此，最好的生活方式應該是在「他人的我」和「我的我」之間，取得恰當的平衡。不要持續活在「他人的我」造成的壓力之下，不停憂慮別人的期待，也不要只追求「我的我」，冷漠對待人際關係。我相信，要活出喜悅快樂的人生，關鍵就是在兩者之間找到讓自己幸福的平衡。

每一個人的內心，

都同時存在著「不想讓任何人看到」的自己，

以及「讓別人看到也沒關係」的自己。

與其壓抑前者，害怕自己的陰暗面，

或為其感到羞恥，不如認可它的存在。

一旦這麼做，就會立刻感到更自在，

並且開始可以整合各個面向的自己，

活出更充實且真誠的生命。

如果你常遭受父母的嚴格斥罵或親近之人的批評，

可能會對他人的評價過於敏感。

但你不能總是擔心別人對你的看法。

說句老實話，別人其實沒有那麼關注你。

所以不要太在意，放輕鬆吧。

在我們年輕時，

被設定了一套「人應該如何生活」的理想模板。

我們很難完全符合這些標準，

因此往往會感覺「自己不夠好」。

與此同時，當看到別人沒有遵循相同的模板時，

我們又很容易急著去評斷他們，

同時莫名地產生一種道德上的優越感。

這聽起來可能有點令人失望，

但你認為故意忽視你的那個人，

也許根本沒那麼在乎你。

我們很容易覺得別人在針對自己，

但事實往往並非如此。

讓生活更簡單輕鬆的祕訣：

一、不要打聽別人說了你什麼。

二、坦率表達自己喜歡和討厭什麼。

三、無法掌控的事情就放手。

不要刻意去探聽別人如何議論你，

那只會帶來煩惱和傷害。

與那些早已決定不喜歡你的人爭論，

傷害你自己的程度遠超過傷害他們。

學會輕鬆地將這些話拋諸腦後，

專注在真正對你重要的事情上。

電視臺每天都會放送許多負面新聞，

然而，我們可以思考其中有多少資訊

真正對自己的身心健康有益。

請記得，我們其實是有選擇的，

沒必要隨時關注世界上的每一件壞事。

你對自己的信念是否讓你動彈不得，

無法邁出實現夢想的腳步？

如果你相信自己不可愛又沒有能力，

是誰在你心裡埋下了這樣的想法呢？

這是你自己的想法嗎？

還是你下意識相信了別人對你的評論？

別讓他人的負面評價決定你的未來，

為自己挺身而出，告訴他們停止對你指手畫腳。

在你的生命中，你才是主導方向的駕駛，

可以叫不守規矩的乘客下車。

堅定表明自己的立場，

接著就繼續在自己想走的路上行駛。

當人們對自己的某些面向有所不滿，

他們往往並不改變自己，

而是試圖改變那些展現相同特質的他人。

曾經實現夢想或克服挑戰的人，

不會輕易粉碎他人的夢想。

仔細觀察就會發現，

缺乏勇氣的人才會經常貶低他人，

或試圖把別人拉低到自己的水準。

如果你因恐懼而顫抖，並且開始思考：

「我真的做得到嗎？

像我這樣的人怎麼敢嘗試這麼大的目標？」

那麼，這正是想要成長的你必須放膽一試的目標。

即使失敗了，而且事情的結果不如預期，

你還是能從這次經驗中學到寶貴的教訓，變得更強大。

「帶來痛苦卻熟悉的事物」和
「可能帶來幸福卻陌生的事物」，
人們往往選擇前者。
但是，你不需要對痛苦如此忠誠，
即使陌生的事物帶來恐懼，
試著鼓起勇氣，選擇能通往幸福的道路。

在任何時刻，我們都有兩個選擇：
往前走，邁向成長，
或是往後退，尋求安全。
——亞伯拉罕．馬斯洛（Abraham Maslow），心理學家人們對安全感的需求，並不像他們認為的強烈。

即便是追求穩定工作或安穩關係的人，

一旦達到安全的狀態後，也會開始感到無聊。

因此，別總是選擇安全舒適的道路，

偶爾嘗試有些難度或陌生的事，讓自己成長吧。

人之所以無法成功，

是因為他們只在心裡想，

但從來沒有付諸行動。

《星際大戰》(Star Wars)中的

尤達大師曾說:

「要麼做,要麼不做。

沒有試試看這種事。」

我們剛開始發現一個問題的時候,

可能會感到猶豫不決,不敢直接面對。

但如果我們持續拖延行動,問題只會越滾越大。

不要一味等待,到最後才後悔自己沒有早點行動。

只要你仔細觀察,就能找到突破困境的方法。

如果我們不主動改變自己，

世界就會負責逼我們改變。

後者顯然痛苦許多。

但那份痛苦是為了讓我們成長，

而不是為了折磨我們。

當我們在山腳下，

常常可以清楚地看見山頂。

一旦我們開始攀爬，頂峰有時會被樹木遮蔽。

同樣的道理，當我們設定好目標開始前進，

有時候也會覺得似乎沒有進展，

但事實上我們仍在靠近目標。

不要放棄，繼續堅持下去。

那些透過自己的努力抵達山頂的人，

反而不會有優越感，

因為他們深知自己一路走來曾獲得多少幫助。

反而是那些依靠好運，

或者剛開始攀爬的人會自視甚高，

總是想問別人：「你知道我是誰嗎？」

一個人越成功，

名片上的頭銜就越簡單。

當你完成了一件了不起的大事時，

往往會有「這只不過剛開始」的感覺。

我會給十幾歲的自己的建議：

請記得，那些現在看來難以承受的困難和難堪，

日後想起來都會顯得微不足道。

不要太把朋友的意見當回事。

生命中有許多條可走的路，

如果你現在的計畫進展並不順利，別失望。

生命確實有起有落，但隨著年紀漸長會變得更加美好。

我會給二十幾歲的自己的建議：

放輕鬆一點，並相信一切終能解決。

忠於自己，讓你獨特的特質散發光芒，

不要總擔心自己是不是比別人落後。

允許生命以自然步調發展，不要認定一切都必須事先規劃。

擁抱未知的一切，欣賞旅途中一路的風景。

我會給三十幾歲的自己的建議：

不要滿足於微小的成功或安於熟悉的環境。

勇於發問，持續向他人尋求新知。

在評估一個人時，

關注他的品格、歷練和幽默感，

而不是外貌、教育或家庭背景等外部因素。

保持和大自然的連結，持續閱讀，

並且不要忘記運動讓身體充滿活力。

我會給四十幾歲的自己的建議：

不要太沉浸於工作之中；

一定要留點時間照顧自己。

把精力花在有意義的關係上，

個人生活和工作職場都是如此。

仔細評估風險，但別害怕去冒險，

在工作之餘記得追求熱愛的事。

欣賞每個當下的美麗。

在可以的時候多和父母一起旅行。

別忘了回饋社會，幫助需要幫助的人。

與其膽怯與畏懼，

不如立志成為堅強且富有韌性的人。

透過生命中的經歷累積智慧，

再將這些智慧化作良善的行動，

以達到個人的成長，

並為這個世界帶來正向的影響。

先傾聽自己內在的痛苦

當我的思緒陷入過去懊悔的回憶，或對未來的焦慮與擔憂時，我會透過將注意力轉移到身體的感覺上，好讓自己脫離這樣的狀態。透過關注此時此刻肩膀、胃部或胸口的感受，我就能打破負面思緒的循環。這樣的練習幫助我在當下找到平靜與放鬆，並讓我明白，真正帶來痛苦的只有我自己的心念，而我周遭的世界始終保持著安穩與平靜。

這個透過對身體感受的正念覺察來聚焦當下的方法，是我從知名的和平倡議者及佛教僧人釋一行禪師的教導中學到的。幾年前，釋一行禪師造訪韓國時，我有幸負責為他的演講進行口譯，他當時已經高齡八十八歲，但仍每天教導學生，從未有一天休息。

我看到他的時候，總覺得自己彷彿望著一棵平和而仁慈的參天松樹，當我在他身旁時，就像在他寬大清涼的樹蔭下休息，內心充滿寧靜安詳。最特別的是，當他開始行走冥想，我可以感覺到他每踏出一步，都全然處於那個當下，心神完全貫注於落腳之處。看著他親身示範，我了解到冥想練習本身既不神祕也不複雜，而是我們再熟悉不過的簡單行動。

在他慷慨分享的眾多教誨中，我印象最深刻的，是他告訴我們如何透過正念冥想來修復已然疏遠的關係。當我們聽到「冥想」這個詞時，往往會先入為主，認為必須要前往某個偏遠的深山寺院，遠離紅塵俗事，才能獲得某種玄妙的體驗。然而，你在哪裡都能練習正念冥想，而且如果你的冥想修行真有所成，你會漸漸想與這個世界產生連結，對修復過往因爭執或誤解而破裂之關係的意願，也會跟著越來越強。這股想要修復人際關係的渴望再自然不過，是正念冥想開始修復你的心，讓它能再度敞開的結果。

釋一行禪師在他的代表著作《橘子禪：呼吸，微笑，步步安樂行》（*Peace is Every Step: The Path of Mindfulness in Everyday Life*）裡說到，鮮花和碎石看起來是兩種非常不一樣的東西，似乎彼此獨立存在；但事實並非如此。為了要開出鮮花，植物必須從土壤裡吸取養分，而土壤正是從碎石而來；在花期過去後，鮮花枯萎回歸塵土，最後又變回碎石。透過鮮花和碎石的例子，他在告訴我們，這個世界上沒有任何事物是獨立的存在，一切都彼此相依，屬於同一個整體。

這個教誨也能套用到我們的人際關係上。舉例來說，如果我們深愛的人生病，雖然我們的身體不會因此生病，但我們的心會為對方感到疼痛，因此也在隨他受苦。這份我們和他人、和世界彼此緊密連結的真相，也是禪修者在追求開悟的過程中尋求的重要領悟。因此，當我們和親近的人翻臉而形同陌路，修復與他們的關係不只能帶給我們療癒，也能幫助我們理解人與人之間緊密相連的根本真相。

那麼，我們應該如何修補破裂的關係呢？釋一行禪師回答了這個問題，他建議我們以傾聽自己內在承受的痛苦作為開始。我們必須全神貫注，觀察自己承受的痛苦造成身體的哪個部位緊張僵硬，又是怎麼讓我們的內心疼痛不已。當我們先用慈愛的關注之光照亮自己，意識到在身體和心靈中壓抑已久的情緒能量，那股洶湧的能量就能變得柔軟，並逐漸消融化解。唯有如此，我們的心才會敞開，真正去理解他人的痛苦。

接下來，我們就可以主動聯繫和我們疏遠的對象，試著與他們碰面，專心聆聽讓他們受苦的經過。即使他們誤解我們、對我們大發脾氣或說出的話偏離事實，也絕對不要用防禦的態度或怒氣應對。相反地，我們應該耐心聆聽對方，直到他們把自己的痛苦訴說完，讓他們也有機會釋放積壓已久的情緒。這只有在我們先傾聽自己內在的痛苦，並意識到他人的痛苦與我們的痛苦並非彼此獨立，而是緊緊相連時，才有可能發生。

在解讀釋一行禪師的教誨時，我忍不住問自己：「我是否真正傾聽過自己內心的痛苦？」我不禁懷疑，自己一直以來也許都靠忙碌工作、看電影和談論他人的問題，來逃避感受自己的痛苦。人類花很多時間關注外界事物，因此並不習慣仔細觀察身體和心靈的內在感受。然而，如果我們想要療癒自己，就必須將慈愛的關注之光導向內在的心靈世界。

釋一行禪師是這麼說的：「我們來到這個世界，是為了從『我們彼此分離』的幻覺中清醒過來。」我們必須記得，就像鮮花和碎石需要彼此才能存在，我們自身的療癒和他人的療癒也無法分開，而是緊緊相連。

Chapter 6

當你還沒想通人生時

和諧生活之道

好幾年前，我到鳳巖寺去參加秋季禪修活動。那次一起加入活動的僧人有上百名，在這些僧人裡有一些熟面孔，是我之前曾在其他寺院一起生活過的同修，見到他們我很高興；當然，那裡也有許多我從未見過的新面孔。說到和陌生人同住，僧人其實和所有人一樣。剛開始，我們也難免氣氛尷尬，甚至緊繃，但在一段時間以後，對於怎麼做才能讓大家和諧生活在一起，我們就變得相當熟練了。

在我還是新進僧人的時候，從資深前輩身上學到的第一條不成文規則就是：不要堅持用自己的方法做事。當來自全國各地的僧侶一起住在同一個地方時，你會發現許多有趣的現象。像是在早課的時候，有時會聽到大家念誦佛經的速度和語調都不一樣。那些曾住在韓國西南部松廣寺的僧人，往往會用更緩慢祥和的語調念誦，但若是來自韓國東南部海印寺的僧人，他們的語調往往快速又精力旺盛，帶著寺院所在地伽倻山的充沛活力。每個僧人的念誦風格往往取決於他們一開始在哪個寺院接受訓練，所以各有不同也很合理。

但如果每個人都堅持用自己出身寺院的風格誦經，完全不考慮與其他人之間的和諧，那麼誦經聲往往會變得荒腔走板、零零落落，甚至不堪入耳。我們做事的方法也許在自己看來很熟悉、很自然，但不代表這是絕對正確的做法，也不代表其他人都是錯的。當我們和別人一起生活，就意味著我們必須努力配合彼此，好創造出和諧的生活環境。

另外一個我一直遵守的規則是：一開始就決定自己要多做一點。在禪修活動開始的前一天，大家會聚在一起分配活動期間每個人的工作，工作有很多種，例如在寺院廚房準備餐點、清潔大殿和禪修房間、巡視寺院及周遭山林等等。有時候一個人要負責多項工作，但大部分情況下，會有好幾個人被分配一起完成某幾樣工作。當把很多人組織起來一起合作時，很容易發生的情況是，不出幾個禮拜，大家就會陷入爭執，因為有些人似乎沒有其他人那麼認真工作。

我們每個人都很清楚自己有多努力，卻無法時時刻刻看見他人的付出，因此往往無法真正了解別人有多辛苦。於是，我們可能會覺得自己做得特別多，而別人卻沒有盡力。當然，最理想的狀況是，我們一開始就不帶著這種比較、計較的心去看待事情。因為當這種分別心占據了腦袋，我們的內心便會受苦。但如果這樣的念頭真的升起，從一開始就決定自己要多做一點，內心反而會更加平靜。

還有一個我一直遵守的規則：用正面的心態接受既定的安排。在活動開始前，往往會按年資來安排住宿，較資深的僧侶會優先分配單人或雙人房，其餘僧人則必須多人共宿一間大房。這次的秋季活動，剛好比我資深的師兄們都有單人和雙人房，但從我開始就得和別人共住大房。這種時候，如果因此感到忿忿不平，那可能接下來整場活動都要悶悶不樂，但如果我們能快速接受現實就是如此，就能在這個看似不理想的情況裡找到許多好處。

我想到了好幾個和多個同修共享大房間的好處。首先，如果我住的是單人房，那我如果因疲倦睡得太沉，可能會沒聽到早上三點的木魚聲，因此錯過凌晨的早課。但現在有了其他僧人和我同宿，我就能放心睡去，畢竟我們之中總有一人會在早課前把燈打開。另一個好處是我不會錯過任何最新公告，因為只要有一個人知道消息，自然會分享給其他室友。另外，我們的房間也會始終保持整潔，不會有雜物堆積，因為大家考量到彼此的感受，會自動自發把用完的東西立刻收回自己的櫃子裡。要是我自己住一間房，可能會很難保持這樣的紀律。

最後，在整個活動期間，如果我對某個人或某個新的處境心生不滿，我會問自己：「我現在有沒有好好聚焦於冥想？」要是冥想修習進展順利，我所有的注意力都會放在檢視自己的內心，不會有精力管別人的事。但當我無法專心做自己當下該做的事時，我就會開始看見他人的錯處。我也明白，在某種意義上，別人的缺點其實是我自己的缺點，只是透過我內心的鏡子反映出來而已。如果我本身沒有相似的缺點，那些事情也不會讓我如此在意。在這樣的時候，我會試著回到立志求道時的那份初心，安定而不動搖地，把眼前的修行與工作好好完成。

生活在一個團體中，

代表要一同分享歡樂與挑戰，

並在這些經歷中一同成長。

——無名氏

在任何團體裡都有兩種人：

被動反應型和主動創造型。

前者認為他們的生活主要受外在因素掌控；

後者則了解自己有塑造想法與情緒的力量，

透過積極培養正向的心態，他們能將願望化為現實。

為什麼要因為那些傷害過我的人，

而破壞自己內心的平靜呢？

寬恕並不是為了他們，而是為了自己。

當有人虧待我們的時候，

如果對方是我們喜歡的人，我們大多會理解與原諒；

但如果是我們不喜歡的人，即使他們做的是完全一樣的事，

我們卻更容易心生怨懟，難以原諒。

人心的運作方式真是奇怪啊。

如果你用仇恨對抗仇恨，

那麼掙扎就永遠不會結束，痛苦也會持續。

只有理解和愛能打破仇恨的鎖鏈。

這個簡單但深刻的真相，在數千年前就被人道出，

我要對此致上敬意。

我們往往排斥改變自己，

但在要求別人為了自己改變時，

卻不覺得有任何不妥。

這讓我們不斷陷入挫折和失望。

批評他人往往只會讓對方陷入防衛狀態，

無法促使對方改變。

如果要有效地引領對方轉變，

請先試著了解對方的觀點，以尊重的態度提出建議。

如果少了尊重，人們很難接受別人的意見。

讓我告訴你如何毀掉一段關係。

首先，強調你的要求是「常識」；

接著，用你所謂的常識來批判和你看法不同的人，

然後不斷嘮叨，要求對方符合你的期待。

你會成功地把對方從你身邊越推越遠。

我希望自己不會執著於「是否正確」，
以致於看不見這份執著其實正在傷害他人。

如果你想說服別人照著你說的做，
反覆解釋自己這麼做的原因是沒有用的。
你該做的是找出對方的主要顧慮，
尋找能讓你們兩人都滿意的方法。
接著再告訴對方你想到的方法不只對你有幫助，
也能解決他當下的燃眉之急。

如果你常常有種優越感，

那是因為你的內在被深深的自卑掐住。

那些喜歡自己的人也懂得如何敬重他人。

那些非常自大的人往往受自尊心低落所苦。

低自尊會增加對認可和關注的需求，

讓人擺出高高在上的姿態。

男人應該這樣，而女人應該那樣。

家長應該這樣，而學生應該那樣。

政治家應該這樣，而僧人應該那樣。

如果我們用這種方式看待他人，就無法真正看見對方，

而只是要求別人符合我們認為他們該有的樣子。

如果他們符合我們的標準，我們就稱讚他們，

如果不符合，我們就把他們貼上「有問題」的標籤。

如果一名僧人對當下世界發生的事件發表意見，

人們會叫他回到深山裡的寺院，不要為俗事煩心。

但如果他一言不發保持安靜，人們又說他自私，

對世界上的痛苦不聞不問。

僧人必須學會如何在兩者之間取得平衡。

當你離開家庭，擁抱出家人的生活，

你的目標就是要開悟，然後分享你的智慧利益眾生。

我們必須了解，成為佛教僧侶不是要我們逃離這個世界，

而是要走上更深刻理解這個世間的道路。

如果你毫無節制地讓怒氣完全爆發出來，

這些怒氣會成為惡業，返回到你身上。

如果你壓抑所有的怒氣，假裝它不存在，

那它遲早會鬱結為身體的疾病。

如果你安靜地觀察這股怒氣的能量，

它會在你的目光中變換形狀，接著消失不見。

當你的心充滿煩惱，請仔細觀察煩惱的成因，

你會發現是你紛繁的念頭催生並延續了那些煩惱。

念頭的本質不過是畫在水面上的一抹顏色，

它短暫地顯現，接著消失無痕。

因此，沒有必要沉浸於那些造成苦惱的念頭中，

因為只要你願意，它們自然會消失。

如果你有一個焦慮的念頭，

成堆的憂慮與恐懼便會如雲朵般聚集而來。

但只要那個焦慮的念頭消失，

你內心清朗碧藍的天空就會再度顯現。

天堂地獄都在一念之間。

所以別緊抓著負面念頭，讓它自然流過吧。

天空本身並沒有東西南北，

是我們透過語言命名並加以區別。

同樣地，這個世界本為一體，沒有任何分別。

但我們用言語將其分為千萬個碎片，

並欺騙自己它們都是獨立存在的。

風過竹林，無聲無息。

大雁飛過冰冷的池塘後，不留任何影子。

君子完成該做的事後，心中不留任何念頭。

——洪應明，明代思想家

當我們允許自己深度休息，

內心就會變得平靜，就像清空了一樣；

等到我們必須工作的時候，

這個平靜的心就會活動起來，

孕育出新的想法。

在一個寬廣空曠的空間裡，有一張椅子。

我們的目光自然會被那張椅子吸引，

而忽略了包圍它的整片空間。

但若沒有這片空間，椅子根本無法存在。

同樣地，在你內心平靜而空寂的空間中，一個念頭升起。

我們的注意力自然會集中在那個念頭，

卻忽略了孕育出它的寧靜空間。

喚醒佛心並不是把壞的念頭換成好的念頭，

而是更清楚地覺察內心那片平靜而空寂的空間，

念頭在那裡升起，又在那裡消逝。

如果你的心處於當下，念頭就會止息，

心自然會變得寧靜。

這份寧靜無形無相、無邊無際，

因此，其深度無窮無盡。

所有的念頭都只是波浪，

是從深邃心海中升起的、一時的形相；

在短暫浮現之後，

便再度融入那無邊心靈的寧靜之中。

當我們相信自己就是大海，

就不會懼怕波濤。

——班迪達尊者（Sayadaw U. Pandita），禪修大師

發現你的眞我

在某個溫暖的春日，我放下所有工作，前往屬於我的寧靜角落。在這個紛亂奔忙的現代社會，即使只有短短十分鐘的休息，都能為身體和心靈注入新的能量。當我們安靜坐著、向內觀照，就會看到念頭和感受來來去去。覺察這些念頭和感受的存在相對容易，難以辨識的是在一個念頭和感受消逝、下一個尚未浮現之前，其實有一個相當寧靜的空間，那是一種看似什麼也沒有的寂靜，大多數人不會察覺到這個空間，只是渾然不覺地任它經過。這是因為有別於念頭和感受，這片寂靜無形無相，因此無法被掌握。

與寂靜相反，念頭和感受有形有相，我們能夠加以觀察，向別人解釋，甚至把它寫下來。而且因為它們總是出現在我們的內心，我們就習慣性認同這些念頭和感受，稱它們為「我的念頭」和「我的感受」。有的時候，我們甚至會緊緊抓住它們，用它們定義自己，說一些像是「我就是這樣的人」之類的話，就好像我們有意選擇讓這些念頭和感受出現。如果你相信自己心裡的念頭和感受真的為你所有，那麼你可以想想看，如果它們真的就是你，在這些念頭和感受出現之前，難道你並不存在嗎？而在那些念頭和感受消失以後，你不也該隨之消失嗎？但是，你曾因此消散嗎？

不，你在這些念頭和感受升起之前就已經存在，而你在這些念頭和感受都消逝以後，也依然繼續存在。因為那些都不是真正的你，它們不過是寬廣無垠的藍天中轉瞬即逝的雲朵而已。那麼，那個早在念頭和感受的雲朵出現前就存在的真正的「你」是什麼呢？各思想流派有數不盡的靈性修行者，都窮盡一生努力探究這個問題，其中有許多在畢生求索之後，終於發現了真正的自我。我認為這並沒有標準答案，每個人都必須透過自身經驗去找到解答。話雖如此，我很願意在這裡分享自己的經驗，希望能夠稍微幫助也想追尋覺醒的朋友。

我想直接切入重點，所以就讓我們省略冗長的理論吧。那在念頭和感受升起之前就存在的，還有在它們消逝之後依然存在的，就是你的覺知。當你的覺知中沒有念頭和感受時，你對覺知的體驗就是一種安寧的寂靜，就像是無夢侵擾的睡眠，它沒有形相，虛空、透明並且平靜。它也是你存在的基石，你的所有面向都建立其上。如果仔細觀察，你將能夠看見所有的念頭和感受，都是從你那一片寂靜的覺知中湧現，它們短暫地展露出來，在某個片刻又隱沒於寂靜之中。換句話說，你的覺知創造了所有的形相，給予它們存在的空間，然後在它們該消失的時候將其吸收，再次回歸到覺知之中。

現在，讓我們再往前推進，探索這份寂靜到底存在何處。首先，請閉上雙眼，做個深呼吸，讓你的內心平靜下來。接著，請嘗試認出在一個念頭消逝但下一個尚未浮現之前，兩者之間的寧靜空白。感受這份寂靜。在你能感受這份寂靜之後，問問自己，這份寂靜是否只存在自己的身體之內？又或者它延伸到了身體之外？你身體之內的寂靜和身體之外的寂靜有不同的形相嗎？又或者兩者相同，緊密連結延伸出一片廣大的寂靜？請放下熱愛分析、喜歡把一切概念化的頭腦，只是去感受覺知中那片寧靜的空間，讓答案從其中自然浮現。

現在，讓我們繼續深入，檢視我們能否找到這份寂靜的邊界。你能抵達它的邊界嗎？你找得到它的起點或終點嗎？這個存在你覺知中的廣大開放空間有沒有任何極限？它有中心嗎？最後，你能夠弄髒這份寧靜的覺知，或對它的本質做出任何永恆的改變嗎？不管我們發出多大的噪音，寂靜都能夠迅速恢復，毫髮無傷地回到原本寧靜的狀態，不是嗎？它沒有任何形相，完全無法被打破或摧毀，也無法失去它，或者讓它消失。它永遠都在那裡。

我誠懇地祝願你能夠感受到自身覺知裡這份透明的寂靜。在那裡，在你的內在，你會找到深沉的寧靜、永恆的自由、源源不絕的創意，還有溫暖的接納。

去感受念頭之間的空白。

在一個念頭結束、

下一個尚未出現之前，

會出現一個短暫的開口，

通往你那無垠無限的覺知。

當我們覺察呼吸而安住於當下時，

我們便掙脫了念頭的束縛，

此時作為念頭背景的寂靜覺知便會覺醒，

開始意識到自身的存在。

當念頭和感受暫時安靜下來，

我們就能開始覺察自己的寧靜覺知。

當我們體認到這份寧靜沒有邊際，

便能察覺純粹覺知的無限本質，

不只存在於我們之中，也存在於外在的世界。

這份領悟是通往開悟重要的第一步。

只有深沉無夢的睡眠，

我們的身體和心靈才能得到療癒和修復。

因此，沒有嘈雜念頭的平靜之心，

所代表的並不是無聊或無意義，

而是完美的休息和平靜，療癒和再生，

並且能孕育出創意以及不受束縛的自由。

隨著我們在靈性上獲得成長，
對於神或佛的理解也會隨之深化。
我們的領悟有多深，
往往與心靈的成熟度成正比。

如果你仔細思索宗教符號背後的深層涵義，
並且從中得到直接的靈性體驗，
那麼你很快就會理解，
不同宗教的核心其實有許多相似之處。
然而，如果你還沒有這樣的體驗，
符號很容易限制住你，
讓你只能看見宗教之間的不同，
進而詆毀其他宗教的信徒。

我們不是擁有靈性體驗的人類，

而是擁有人類體驗的靈性存在。

——偉恩．戴爾 博士

一開始，我在寺廟的神聖圖像中尋求祢。

接著，我在上師和師父等靈性導師中尋求祢。

再來，我在神聖的經文語句中尋求祢。

但現在我終於能在所有地方感受祢的存在。

原來祢有如空氣，一直與我同在。

到了最後，你會了解自己拚命追尋的答案，

其實並不在你的目的地。

當時機終於成熟，你會發現自己想要的知識，

其實一直都在你的口袋裡。

你只需要放鬆下來，就能看到自己早已擁有解答。

你絕對想像不到，

為了找禮物給你，我花了多少力氣。

每樣東西看起來都不合適。

畢竟沒有人會把金子送給金礦，

把水滴送回海洋！

我想到的每樣東西都不對，

像是把芬芳的香料帶到長出那香料的枝葉……

我的愛與靈魂也早已歸你所有，

所以……我為你帶來了一面鏡子。

看看鏡裡的自己，然後把我記起。

——魯米，詩人

你唯一的罪，

是忘了真正的自己。

你不是在風中顫抖飄搖的樹葉。

你是那一整棵樹。

開悟就是理解整個世界其實為一體，

不只是頭腦概念上的理解，而是內心感受上的體認。

下一次做好事讓別人開心，自己也因而感到喜悅時，

請停下來想一想，

你和對方的喜悅之間是不是沒有差異。

有一個我們眼睛看得到的世界，

還有一個我們眼睛看不到的世界。

追求靈性代表開始覺察看不到的世界。

當你對看不到的世界覺察力越來越靈敏，

你會很驚訝地發現，

這兩個世界最終無二無別，

屬於同一個世界。

真理往往早已為我們所知，

只是因為它深埋在我們內心，因此不見得能夠察覺，

但當我們再次聽到它被訴說，它會生出一層更深的意義。

智識覺醒所帶來的快樂，

是一種內在的富足感，就像是找到了珍寶。

我們可以很快擁有足夠的自信，

建立一套屬於自己的標準，不會輕易受他人意見左右。

靈魂因自我覺察而體驗到的喜悅，

就像是在長途跋涉後終於回到溫暖的家園。

我們在認識自己真正的本質之後，

找到了平靜和安寧，對死亡不再恐懼。

在我們的人生路上，

覺知從未丟下我們。

我們體驗到的念頭和感受來來去去，

但覺知永遠在那裡。

如果你還不相信，大可自己試試，

看是不是有辦法逃離自己的覺知。

覺知就像一片廣闊、清澈、明亮的藍天。

念頭和感受就好像雲朵，可能會暫時出現，

卻無法改變或汙染覺知的純淨本質。

去感受覺知中那無限寂靜的完美無暇。

雖然魚生活在海中，

但可能不會意識到圍繞在周圍的海。

雖然鳥生活在空中，

但可能不會意識到廣大沒有邊際的天空。

雖然我們生活在覺知的無窮無盡裡，

但也可能會因為它過於透明，

而沒能發現它的存在。

小圓的偉大旅程

從前從前，有一隻可愛的魚住在廣大的太平洋裡。他的頭比其他魚都圓，所以大家都叫他「小圓」。小圓從小就和其他同年紀的魚不太一樣，對找吃的和變得受歡迎都興趣缺缺。他只對一件事有興趣，那就是和祖父說過的那位偉大而神聖的「海洋」見面。一手帶大小圓的祖父對他說過，海洋往所有造物裡注入了生命，一切小圓能看到的東西，都接受了海洋的賜予。海洋既仁慈又慷慨，為所有生物提供充足的養分，並且毫無分別心地平等接納每個生命。祂從不誇耀自己，也從不偏心。

小圓想到海洋總是充滿敬畏，難以想像祂怎麼有辦法也愛脾氣超壞、總是把小圓嚇得要死的鯊魚叔叔，以及有著一雙銳利大螯的龍蝦阿姨。祖父還說，雖然不是每隻魚都感覺得到偉大海洋的存在，但祂總是在他們身旁，知曉所有生物的一切行動。所以很多魚在遇到困難的時候，都會向神聖的海洋祈禱，還養成了獻上罕見珍珠以及寶貴食物的習慣。

不知道為什麼，曾親眼見到偉大海洋或曾親身與祂相遇的魚，數量越來越少了。只有一些傳說故事留下，講述有幾隻特殊的魚，在經過漫長的尋覓之旅後，才終於與祂相遇。故事裡的旅程艱辛又漫長，如果沒有非常大的耐心和毅力根本辦不到，所以大多數普通的魚想都沒想過要啟程。

小圓聽說這趟旅程最困難的部分，就是要通過又深又黑的死亡洞穴，那裡連珊瑚都無法存活；小圓還聽說，那個幽深的洞穴裡連一絲光線都照不進去，游進去就像真的經歷死亡。所以要能安全通過這座洞穴，心裡必須有堅定的信仰，相信看不見的海洋總是在身旁守護著自己。但這洞穴太過龐大漆黑了，即使是信仰最深、心最安靜的魚，都無法通過這麼長時間的考驗，往往游到一半就忍不住掉頭，甚至沒能安全退出洞穴。

所以，當小圓準備啟程尋找偉大海洋時，他的祖父非但沒有鼓勵，還滿懷憂慮地盯著小圓。他一定在心裡暗暗懊悔，不該告訴小圓那些和海洋有關的事。小圓其實也很擔心，要是自己在通過死亡洞穴時受傷了，或是沒能活著回來，沒人照顧祖父該怎麼辦？但他無法放棄。他想見偉大神聖海洋的心願如此強烈，消弭了他的憂慮和恐懼。所以，他最後還是說服祖父，開始了自己的旅程。

小圓離家後花了一個月，才終於抵達死亡洞穴。靠近目標讓他感到興奮，但同時也嚇得要命。所以，在進入洞穴之前，小圓虔誠地祈禱：「親愛的仁慈的海洋啊，我知道祢在我身旁，我想見到祢。請引領我與祢見面。我相信祢。」說完祈禱詞以後，小圓鼓起勇氣游進洞穴，幽深的黑暗馬上圍攏上來。

他游了很久，可能有半天，在完全的黑暗中，時間彷彿停止，他的身體也似乎消失了。隨著時間像深沉無夢的睡眠般經過，他發現一開始緊抓住他的恐懼慢慢褪去，取而代之的是一股平和的寂靜。小圓非常吃驚，第一次知道原來什麼也看不見、什麼也聽不到，也可以這麼溫暖平靜。

到底已經過去了幾天呢？是一個禮拜，還是一個月？突然之間，小圓看到遙遠的前方出現一個小小的光點，他立刻跟從直覺游上前去。然後一個念頭穿破持續已久的寂靜，出現在他的腦海：終於，我要離開洞穴，我要見到海洋了！但就在那個時刻，一個頓悟閃現：會不會我一直渴望見到的海洋其實就在那片寂靜裡？當我穿越洞穴時，祂是不是就在那片平靜而撫慰人心的寂靜裡與我同在？就像我的念頭是從寂靜冒出來的，也許其他所有生命也都孕育自同樣的寂靜？

當小圓終於游出洞穴，出現在他眼前的是他再熟悉不過的景象：魚一群又一群，平靜地游來游去。但現在除了那些魚的形貌，小圓還看見了透明的海水。他臉上露出一抹微笑，說：「現在我看到祢了！我就在祢裡面！祢也在我裡面！」他終於明白這趟求見偉大海洋的旅程，其實不是為了要找到一個有形的神聖存在，而是為了發現那份寧靜的臨在其實就在自己心中。從那天起，小圓心裡都懷抱著深深的感謝與連結，活在每一個當下。他知道即使在最黑暗、最艱難的時刻，海洋的臨在和愛永遠會與他同在。

我們的探索不能止息，

而所有探索的終點，都是為了讓我們抵達出發之地，

讓我們首次真正認識那裡。

——T. S. 艾略特（T. S. Eliot），詩人

致仍在閱讀的你：

願你被愛與喜悅所祝福，

願你被善意與平靜圍繞，

願你的道路有恩典指引，

願你的生命充滿意義與豐富的經歷。

高寶書版集團
gobooks.com.tw

NW 303
不必假裝一切都好：不完美的日子，也值得好好過
When Things Don't Go Your Way: Zen Wisdom for Difficult Times
作　　者　慧敏禪師（Haemin Sunim）
譯　　者　林怡孜
編　　輯　林子鈺
封面設計　黃馨儀
內頁排版　賴姵均
企　　劃　陳玟璇
版　　權　劉昱昕

發 行 人　朱凱蕾
出　　版　英屬維京群島商高寶國際有限公司臺灣分公司
　　　　　Global Group Holdings, Ltd.
地　　址　臺北市內湖區洲子街 88 號 3 樓
網　　址　gobooks.com.tw
電　　話　(02) 27992788
電　　郵　readers@gobooks.com.tw（讀者服務部）
傳　　真　出版部 (02) 27990909　行銷部 (02) 27993088
郵政劃撥　19394552
戶　　名　英屬維京群島商高寶國際有限公司臺灣分公司
發　　行　英屬維京群島商高寶國際有限公司臺灣分公司
法律顧問　永然聯合法律事務所
初版日期　2025 年 05 月

國家圖書館出版品預行編目 (CIP) 資料

不必假裝一切都好：不完美的日子，也值得好好過 / 慧敏禪師（Haemin Sunim）著；林怡孜譯 . -- 初版 . -- 臺北市：英屬維京群島商高寶國際有限公司臺灣分公司 , 2025.05
面；　公分 . --

譯自：When Things Don't Go Your Way: Zen Wisdom for Difficult Times

ISBN 978-626-402-262-0 (平裝)

1.CST: 佛教修持　2.CST: 生活指導

225.87　　114005864